Julia Ruby Hildebrand

GOURMET SALATE

Feinste Zutaten & außergewöhnliche Kombinationen

70 leichte Gerichte zum Genießen

CHRISTIAN

Inhalt

Vorwort

Willkommen zu einem Buch über die Superstars der gesunden Küche: frisches Gemüse, Salate, Kräuter und Obst sowie Getreide, Hülsenfrüchte und Reis! Hier geht es nicht nur um Mahlzeiten, sondern um ein Erlebnis für den Gaumen und Gutes für die Gesundheit.

Frisches Gemüse, knackige Salate und aromatische Kräuter sind unverzichtbar für leckere Salatgerichte. Sie bringen Farbe auf den Teller und liefern eine Fülle von Nährstoffen, die unserem Körper guttun. Von knackigem Blattgrün bis hin zu farbenfrohem Gemüse bieten sie eine Vielfalt an Geschmacksrichtungen und Texturen, die jeden Bissen zum Genuss werden lassen. Allen voran frische Kräuter, die mit ihren unterschiedlichen Aromen die Sinne beleben und jedem Gericht eine besondere Note verleihen.

Aber auch Getreide, Hülsenfrüchte und Reis verdienen einen Platz im Rampenlicht. Sie versorgen den Körper mit Ballaststoffen, Eiweiß und wichtigen Nährstoffen. Getreide wie Dinkel und Bulgur oder auch Vollkornreis bieten eine Bandbreite an Aromen und eine zarte Textur, die perfekt zu einer Vielzahl von Salaten passt. Hülsenfrüchte wie Bohnen, Linsen und Kichererbsen sind nicht nur reich an Proteinen, sondern verleihen den Gerichten auch eine herzhafte Note und machen sie besonders sättigend.

Dieses Buch erkundet die Vielfalt und die kulinarischen Möglichkeiten dieser natürlichen Zutaten. Ob bunte Salate mit saisonalem Gemüse und frischen Kräutern, herzhafte Getreidesalate oder Bowls mit eiweißreichen Hülsenfrüchten – die Kombinationsmöglichkeiten sind schier unendlich.

Also Schürze umbinden und auf eine spannende Geschmacksreise begeben, die nicht nur die Sinne, sondern auch den Körper verwöhnt.

Julia Hildebrand

Warenkunde

Lerne in diesem Kapitel die Komponenten feiner Salatgerichte genauer kennen – knackige Blattsalate, frisches Obst und Gemüse, aromatische Dressings und exotische Gewürze. Mit informativem Wissen wird dieses Kapitel zu einem unverzichtbaren Leitfaden, um leichte Mahlzeiten auf das nächste Genusslevel zu bringen.

Blattsalat, Obst & Gemüse

Bei einem Salatgericht sind knackiges Obst und Gemüse der Saison essentiell. Von saftigen Tomaten und bunten Paprika über frische Beeren bis hin zu süßen Orangen – saisonales Obst und Gemüse bringen nicht nur fröhliche Farben auf den Teller, sondern sind auch reich an gesundheitsfördernden Vitaminen, Mineralstoffen und Antioxidantien.

Im Frühling erfreuen uns junge Blattsalate, Spargel und Kräuter mit zartem Geschmack und besonderer Frische. Im Sommer verwöhnen uns reife Tomaten, süße Wassermelonen und saftige Pfirsiche mit einer Fülle von Aromen. Im Herbst überraschen uns Kürbisse, Äpfel und Birnen mit erdigen Noten und warmen Farben. Und im Winter bringen uns Kohl, Wurzelgemüse und Zitrusfrüchte mit ihrer vitalisierenden Wirkung durch die kalte Jahreszeit.

Saisonales Obst und Gemüse aus der Region ist besonders gesund und auch umweltfreundlich. Es wird in der Regel lokal angebaut und geerntet, was bedeutet, dass es kürzere Transportwege zurücklegen muss und dadurch am frischesten auf dem Teller landet. Mit dem Verzehr von regionalem und saisonalem Obst und Gemüse fördern wir nicht nur unsere Gesundheit, sondern auch die Gesundheit unseres Planeten. Ab und zu darf es natürlich auch mal etwas Exotisches sein. Hier empfehle ich, auf faire und nachhaltige Produktionsbedingungen zu achten.

Dressing

Die Königsdisziplin für ein besonderes Salatgericht ist das Dressing. Die beiden wichtigsten Zutaten dafür sind gesunde Fette und saure Komponenten wie Essig. Diese Zutaten runden jeden Salat ab, geben ihm einen frischen, aromatischen Geschmackskick und sind gleichzeitig gut für die Gesundheit.

Gesunde Öle wie Olivenöl, Rapsöl und Leinöl sind nicht nur sehr geschmackvoll, sondern auch reich an einfach ungesättigten Fettsäuren und Antioxidantien. Sie bieten eine ideale Basis für Vinaigrettes, die einem Salat eine cremige Komponente und einen herrlich aromatischen Charakter zufügen. Diese Öle unterstützen auch die Herzgesundheit und können dabei helfen, den Cholesterinspiegel zu senken.

Doch was wäre ein Salatsauce ohne einen Hauch Säure? Naturbelassene, unbehandelte Essige wie Apfel-, Balsamico- oder Weißweinessig sind die heimlichen Helden, die jedem Salat das gewisse Etwas einhauchen. Sie sorgen nicht nur für Frische, sondern bieten auch gesundheitliche Vorteile, da sie die Verdauung fördern und den Stoffwechsel unterstützen.

Die Wahl hochwertiger, nativer Öle und naturbelassener Essige ist mit entscheidend für einen köstlichen Salat, der nicht nur gesund ist, sondern auch ein echtes Geschmackserlebnis!

Senf

Senf ist eine vielseitige Zutat. Einem Salatdressing verleiht er Schärfe und eine neue Geschmackstiefe. Darüber hinaus hilft Senf als natürlicher Emulgator, die Zutaten im Dressing zu binden und eine gleichmäßige Konsistenz zu erzielen. Seine antioxidativen Eigenschaften tragen dazu bei, die Haltbarkeit des Dressings zu verlängern. Ihm wird auch eine gesundheitsfördernde Wirkung zugeschrieben, da er desinfizierend wirken kann.

Gewürze

Jedes Gewürz hat sein eigenes einzigartiges Aroma und trägt zur aromatischen Komplexität des Dressings bei. Durch die Kombination verschiedener Gewürze entsteht eine reichhaltige Geschmacksbasis, die den Salat mit komplexen Aromen bereichert und ihm eine gewisse Tiefe verleiht. Sie bestimmen auch ländertypische Geschmacksprofile und lassen uns so kulinarisch auf Reisen gehen. Außerdem unterstützen sie unseren Körper beim Stoffwechsel. Verwenden wir zum Beispiel Fenchel oder Kümmel in einem Kohlsalat, wird dieser für uns besser verdaulich.

Getreide, Hülsenfrüchte & Co

Getreide, Hülsenfrüchte und Reis – die vielseitigen Stars, die Salate auf eine ganz neue Geschmacksebene heben können. Getreide und Pseudogetreide wie Dinkel, Bulgur, Couscous, Quinoa und Hirse verleihen leichten Gerichten nicht nur eine angenehme Textur und einen herzhaften Geschmack, sondern versorgen den Körper auch mit einer Fülle an Nährstoffen, Ballaststoffen und komplexen Kohlenhydraten. Sie liefern damit lang anhaltende Energie und machen aus einem Salat eine sättigende Mahlzeit.

Hülsenfrüchte wie Kichererbsen, Bohnen und Linsen sind wahre Proteinbomben. In den Rezepten dieses Buches finden sie auch in Form von Tempeh, Tofu oder Seitan den Weg auf den Teller. Sie machen aus einem Salat eine ernährungsphysiologisch vollständige Mahlzeit, die sowohl den Gaumen als auch den Körper zufriedenstellt.

Auch Reis ist ein Multitalent mit vielen Facetten – vom Vollkornreis bis zum schwarzen Reis. Er verleiht einem Salat Fülle, ein außergewöhnliches Aroma und zusätzlichen Biss. Reis (vor allem die Vollkornvarianten) liefert gleichzeitig eine gesunde Dosis an Vitaminen, Mineralstoffen und Ballaststoffen.

Diese Sattmacher sind nicht nur unglaublich gesund, sondern auch äußerst flexibel. Ob warm oder kalt, als Hauptbestandteil oder als kleine Beigabe – Getreide, Hülsenfrüchte oder Reis geben einem Salatgericht einen neuen Charakter und laden ein, kreativ zu werden.

Nüsse, Samen & Kerne

Diese kleinen Schätze aus der Natur sind nicht nur lecker, sondern lassen sich auch vielseitig einsetzen. Ob als Topping oder als Bestandteil von Dressings – Nüsse, Samen und Kerne bringen viel Geschmack und Nährstoffe auf den Teller. Die kleinen Kraftpakete sorgen außerdem für eine Extraportion Crunch im Salat. Besonders lecker sind sie, wenn sie geröstet sind (siehe Seite 35).

Sprossen

Sprossen sind kleine Pflanzenzöglinge, die aus gekeimten Samen verschiedener Pflanzenarten wachsen. Sie schmecken nicht nur lecker und geben dem Gericht Biss, sondern sind auch äußerst nahrhaft und gesund. Mit einem hohen Gehalt an Vitaminen, Mineralien, Proteinen und Ballaststoffen sind sie eine hervorragende Ergänzung zu jeder Mahlzeit. Besonders für Salate sind Sprossen sehr geeignet. Sprossen verleihen jedem Salat eine frische Note und machen den Salat noch gesünder.

Basics

In diesem Kapitel dreht sich alles um die Grundlagen für Gourmet-Salate.
Hier findest du einfache Rezepte für selbst gemachten Zitronenessig, aromatisches Kräuteröl, fruchtig-süßen Granatapfelsirup und cremigen Labneh. Außerdem erfährst du, wie du supergesunde Sprossen ziehst, knusprige Brotchips herstellst und Nüsse und Kerne für ein intensiveres Aroma röstest. Dieses Kapitel ist der Schlüssel, um Salaten den ultimativen Kick zu verleihen.

Für 500 ml
Zubereitungszeit 15 Minuten

Zitronenessig

Zitronenessig
3 unbehandelte Zitronen
1 TL Rosa Beeren
500 ml weißer Balsamico, Weißwein- oder Apfelessig

Außerdem
1 Bügelglas mit Gummidichtung oder eine Flasche mit Schraubverschluss mit 750 ml Fassungsvermögen, sterilisiert

Die Zitronen heiß abwaschen und trockenreiben. Mit einem Gemüseschäler die Schale dünn abziehen, am besten so, dass nichts von der weißen Haut mit abgeschnitten wird. Die Rosa Beeren im Mörser grob zerstoßen.

Die Zitronenzesten und die Rosa Beeren in das Glas bzw. die Flasche geben und mit dem Essig übergießen. Bei Zimmertemperatur etwa 14 Tage ziehen lassen. Während dieser Zeit das Gefäß täglich vorsichtig drehen, sodass sich der Inhalt durchmischt.

Nach der Ziehzeit durch ein Sieb gießen und in eine saubere Flasche abfüllen.
Mit Inhalt und Datum beschriften und lichtgeschützt lagern. Der Zitronenessig ist mindestens 1 Jahr haltbar.

Variante
Anstatt Zitronen die Schale von zwei Orangen verwenden und die Rosa Beeren durch grüne Pfefferkörner ersetzen.

Für ca. 275 ml
Zubereitungszeit 15 Minuten

Kräuteröl

Kräuteröl
35 g Kräuter
250 ml Rapsöl

Außerdem
Flasche mit Schraubverschluss mit 275 ml Fassungsvermögen, sterilisiert

Die Kräuter waschen und sorgfältig trockentupfen. Die Kräuter mit dem Öl fein pürieren.

Das Kräuteröl in einen kleinen Topf geben, auf 125 °C erhitzen und die Temperatur 3 Minuten halten. Im Anschluss das Kräuteröl durch ein feines Sieb abseihen und in eine saubere Flasche füllen.

Das Kräuteröl kühl (3–8 °C) lagern und zügig verbrauchen.

Für ca. 500 ml
Zubereitungszeit 45 Minuten

Granatapfelsirup

Granatapfelsirup
1 l Granatapfelsaft (am besten reiner Muttersaft)
500 g Zucker
1 Zitrone

Außerdem
Schraubflaschen oder Gläser, sterilisiert

Tipp
Der Sirup eignet sich nicht nur für Salatdressings, sondern kann zum Süßen von Getränken wie Wasser, Tee oder Cocktails verwenden. Er schmeckt auch hervorragend als Topping für Müsli, Desserts oder Joghurt.

Den Granatapfelsaft in einen großen Topf geben und bei mittlerer Temperatur erwärmen. Den Zucker in den warmen Saft einrühren, bis er sich vollständig aufgelöst hat.

Die Zitrone auspressen und den Zitronensaft in den Topf gießen. Dies verleiht dem Sirup eine zusätzliche Frische und verbessert die Haltbarkeit.

Den Sirup so lange köcheln lassen, bis er leicht eingedickt ist. Dies dauert normalerweise etwa 20–30 Minuten.

Den eingekochten Sirup vom Herd nehmen und etwas abkühlen lassen. Anschließend durch ein feines Sieb oder ein Mulltuch abseihen, um alle festen Rückstände zu entfernen. Den Sirup in sterilisierte Flaschen oder Gläser abfüllen und gut verschließen.

Der selbst gemachte Granatapfelsirup hält sich im Kühlschrank mehrere Wochen.

Sprossen ziehen

Sprossen und Keimlinge enthalten eine Vielzahl wichtiger Nährstoffe wie Enzyme, Vitamine, Mineralstoffe, Proteine und mehrfach ungesättigte Fettsäuren. Es lohnt sich also, die kleinen Powerpakete in den eigenen Speiseplan zu integrieren. In gut sortierten Supermärkten und Bioläden können verschiedene Sprossensorten gekauft werden. Es ist aber auch relativ einfach, Sprossen selbst zu ziehen. Mit etwas Geduld und Sorgfalt kann man innerhalb weniger Tage frische Sprossen in Salaten, auf belegten Broten oder in anderen Gerichten genießen.

Beim Saatgut ist es wichtig, zwischen Licht- und Dunkelkeimern zu unterscheiden. Lichtkeimer benötigen Licht für die Keimung, sollten aber keinem direkten Sonnenlicht ausgesetzt werden, während Dunkelkeimer abgedeckt oder in einem dunklen Raum aufbewahrt werden sollten.

Hygiene ist beim Sprossenanbau das A und O, damit sich keine schädlichen Keime oder Schimmel bilden können. Alle Utensilien sollten vor Gebrauch gründlich gereinigt werden. Auch die Samen vor dem Einweichen gut abspülen. Während der Keimzeit die Sprossen im Glas zwei- bis dreimal täglich mit frischem, klarem Wasser abspülen und das Wasser abtropfen lassen. Am besten steht das Glas schräg mit der Öffnung nach unten, damit überschüssiges Wasser ablaufen kann. Wichtig ist auch, dass die Luft zirkulieren kann.

Im Handel sind spezielle Keimgläser und Gestelle erhältlich, die die Arbeit erleichtern. Es ist aber auch möglich, Sprossen in einem großen Einmachglas mit einem Stück Gaze und einem Gummiband zu ziehen. Nach jeder Ernte sollten die Utensilien gründlich gereinigt werden, bevor man sie wieder verwendet.

Die eingesetzte Keimsaat sollte möglichst unbehandelt und Bio-zertifiziert sein. Beschädigte Samen vor der Anzucht aussortieren, sie können die restliche Keimsaat während der Keimung negativ beeinflussen. Je nach Sorte unterscheiden sich Einweichzeiten und die Keimdauer. Die optimale Temperatur für die Keimung beträgt 18–21 °C.

Vor dem Verzehr empfehle ich, die gezogenen Sprossen in einem 5-minütigen Wasserbad zu desinfizieren. Dafür pro 50 g Sprossen, 200 ml kaltes Wasser und 10 ml Apfelessig verrühren. Im Anschluss die Sprossen in ein Sieb abgießen und gut abtropfen lassen.

Einen Teller mit einem Küchenpapier auslegen und die Sprossen darauf verteilen, damit das restliche Wasser aufgenommen werden kann. Danach können die Sprossen verzehrt oder in einem luftdichten Behälter, der mit einem Küchenpapier ausgelegt ist, im Kühlschrank aufbewahrt werden.

Man sollte die kleinen Kraftpakete frisch verzehren und nicht lange lagern, deshalb empfehle ich nicht zu große Mengen auf einmal herzustellen. Achtung - die Keimlinge können bis zu ihrem 15- bis 20-fachen Volumen anwachsen.

Hier einige Beispiele und ihre Eigenschaften:

Keimsaat	**Einweichzeit**	**Licht-/Dunkelkeimer**	**Keimdauer**	**Geschmack**
Brokkoli	10 Stunden	dunkel	5 Tage	leicht scharf
Radieschen	8 Stunden	dunkel	3–5 Tage	leicht scharf
Linsen	12 Stunden	dunkel	3–5 Tage	herb
Mungbohnen	12 Stunden	dunkel	3–5 Tage	süßlich
Quinoa	3 Stunden	Licht	1–4 Tage	mild, nussig

Für ca. 1–2 Handvoll
Zubereitungszeit 45 Minuten
Einweichzeit 12 Stunden
Keimzeit 3–5 Tage

Belugalinsen-Sprossen

- 1–2 EL Belugalinsen (Dunkelkeimer)
- 1 Keimglas mit 750 ml Fassungsvermögen, sterilisiert

Die Linsen in einem Sieb mit klarem Wasser gut abspülen. Anschließend in das Keimglas geben und mit der 5-fachen Menge Wasser bedeckt für 12 Stunden einweichen. Danach abgießen, noch einmal spülen und im Keimglas verteilen. Den Siebdeckel aufschrauben oder ein Stück Gaze mit einem Gummiband über die Öffnung spannen und das Glas schräg auf einen Teller oder eine Abtropfschale stellen, sodass das restliche Wasser abfließen kann.

Ab jetzt täglich zwei- bis dreimal mit frischem, kaltem Wasser spülen. Dafür frisches Wasser ins Keimglas geben, gut schwenken und das Wasser wieder abgießen. Den Vorgang wiederholen. Nach dem letzten Spüldurchgang das Glas wieder schräg stellen.

Nach 3–5 Tagen sind die Sprossen fertig zum Verzehr. Dann wie auf Seite 27 beschrieben desinfizieren und zügig verbrauchen.

Eingekochte Tomaten

Sud
300 ml Apfelessig
30 g Salz
30 g Zucker

Einlage
1,5 kg feste, unbeschädigte bunte Kirschtomaten
3 Knoblauchzehen
6 kleine Zweige Rosmarin
6 Lorbeerblätter
30 getrocknete schwarze Pfefferkörner

Außerdem
6 Einmachgläser à 500 ml Fassungsvermögen
Die Gläser, Gummiringe und Deckel müssen sauber und unbeschädigt sein

Für 6 Gläser à 500 ml

Für den Sud in einem kleinen Topf 500 ml Wasser mit dem Essig, dem Salz und dem Zucker verrühren und erwärmen. So lange rühren, bis das Salz und der Zucker aufgelöst sind. Dann den Sud vom Herd nehmen.

Für die Einlage die Tomaten gründlich waschen und die Stielansätze entfernen. Mit einer Nadel mehrmals einstechen und gleichmäßig auf die Gläser verteilen. Die Knoblauchzehen abziehen und halbieren. Den Rosmarin waschen und trockenschütteln. In jedes Glas ½ Knoblauchzehe, 1 Rosmarinzweig, 1 Lorbeerblatt und 5 Pfefferkörner geben. Die Zutaten gleichmäßig mit dem Sud aufgießen. Sollte es zu wenig Flüssigkeit sein, einfach mit Wasser auffüllen, bis die Flüssigkeit bis 1,5–2 cm unter dem Rand steht. Die Ränder abwischen und auf jedes Glas einen angefeuchteten Gummiring und einen Deckel legen. Die Gläser mit den entsprechenden Klammern verschließen.

Die Gläser in ein tiefes Backblech stellen, ohne dass sie sich berühren. Das Blech in die unterste Schiene des Ofens einschieben. Etwa 500 ml heißes Wasser (ca. 80 °C) in das Blech gießen. Den Ofen schließen und auf 140 °C Umluft erhitzen. Sobald in den Gläsern regelmäßig Bläschen aufsteigen, die Temperatur auf 90 °C reduzieren und die Tomaten 30 Minuten einkochen.

Die Gläser nach dem Einkochen vorsichtig aus dem Backofen nehmen. So auf ein Drahtgitter oder Korkuntersetzer stellen, dass die Gläser sich nicht berühren. Mit einem Tuch abdecken und über Nacht ruhen lassen.

Am nächsten Tag die Klammern von den Gläsern entfernen und prüfen, ob die Deckel fest sitzen. Alle Gläser feucht abwischen und trockenreiben. Die eingekochten Tomaten am besten kühl (zwischen 4–15 °C), trocken, luftig und dunkel lagern. Die eingelegten Tomaten sind bis zu 1 Jahr haltbar.
Nach dem Öffnen im Kühlschrank aufbewahren und zügig verbrauchen.

Verwendet habe ich die eingekochten Tomaten für das Rezept auf Seite 144.

Tipp
Die Temperaturen und Einkochzeiten hängen von der Glasgröße, dem Einmachgut und dem Backofen ab. Ich empfehle in der Beschreibung des jeweiligen Ofens die entsprechenden Informationen nachzulesen.

Zubereitungszeit 10 Minuten
Ziehzeit über Nacht

Labneh

Labneh
250 g griechischer Joghurt
1 Prise Salz

Außerdem
1 Stück Musselintuch
Küchengarn
1 Holzspieß

Das Labneh mindestens 1 Tag vor dem Servieren zubereiten.

Den Joghurt mit 1 Prise Salz verrühren. Ein feines Sieb in eine Schüssel hängen und mit dem Tuch auslegen. Den Joghurt einfüllen und die Ecken des Tuchs nach oben nehmen, oberhalb des Joghurts etwas zusammendrehen und mit Küchengarn zubinden. Das Joghurtbündel mit einem Holzspieß über eine Schüssel oder einen großen Becher hängen, sodass die Molke gut abtropfen kann, und über Nacht in den Kühlschrank stellen.

Tipp
Gewürzt mit Zitrusschale, zerstoßenen Rosa Beeren und frischen Kräutern wie zum Beispiel Thymian, schmeckt Labneh ganz wunderbar als Brotaufstrich. Am besten also gleich die doppelte Menge herstellen.

Kerne und Nüsse rösten

In meinem Vorrat habe ich immer verschiedene geröstete Kerne und Nüsse wie Kürbiskerne, Sonnenblumenkerne, Cashewkerne, Mandelkerne, Haselnüsse oder Walnüsse. Meistens röste ich im noch heißen Ofen, nachdem ich beispielsweise Kuchen gebacken oder Ofengemüse zubereitet habe, damit ich den Ofen nicht nur zum Rösten vorheizen muss. Das spart Energie. Die Nüsse und Kerne werden im Ofen gleichmäßiger geröstet, was den Geschmack verbessert.

Die Temperatur stelle ich auf 160 °C Ober-/Unterhitze und verteile die Nüsse oder Kerne (immer nur eine Sorte, da sie unterschiedlich lange brauchen) auf einem Blech. Alternativ verwende ich zwei kleinere Bleche für verschiedene Sorten, so kann ich auf die unterschiedliche Röstzeiten eingehen. Nach dem Rösten fülle ich die Nüsse bzw. Kerne jeweils in eine Schüssel um und lasse sie vollständig abkühlen. Im Anschluss kommen sie in Schraubgläser und stehen bereit, um für Salate, als kleiner Snack zwischendurch oder zum Beispiel als Topping für ein Nudelgericht verwendet zu werden.

Rezept für geröstete Haselnusskerne

100 g Haselnusskerne

Den Backofen auf 160 °C Ober-/Unterhitze vorheizen.

Die Haselnüsse auf einem Backblech verteilen und im heißen Ofen 10–15 Minuten rösten.

Anschließend herausnehmen und abkühlen lassen. Dann zwischen den Händen reiben und so die Häutchen entfernen.

Brotchips

Wie bei den gerösteten Nüssen nutze ich hier meist Restwärme nach dem Backen. Brotchips herstellen ist eine wunderbare Möglichkeit, altbackenes Brot zu verwerten. Egal ob Sauerteigbrot, Baguette oder Brötchen: Es schmeckt immer köstlich!

Zutaten
altbackenes Sauerteigbrot, Baguette oder Brötchen

Tipp
Für eine würzige Variante Öl zum Beträufeln mit etwas gehacktem Knoblauch und mediterranen Kräutern aromatisieren. Die Brotscheiben zusätzlich nach dem Beträufeln mit einigen Meersalzflocken bestreuen.

Den Ofen auf 160–180 °C Ober-/Unterhitze vorheizen. Das Brot oder die Brötchen so dünn wie möglich in Scheiben schneiden, große Scheiben halbieren oder vierteln.

Die Scheiben nebeneinander auf einem Blech verteilen. Entweder pur lassen oder mit etwas Öl beträufeln. Im vorgeheizten Ofen in 10–15 Minuten goldbraun und knusprig rösten. Die Brotchips unbedingt unter Sichtkontrolle halten und darauf achten, dass das Brot nicht verbrennt.

Wer die Chips nicht gleich verzehrt, lässt sie nach dem Rösten abkühlen und bewahrt sie anschließend luftdicht verpackt lichtgeschützt auf.

Die Brotchips schmecken zu Salat, einfach so als Knabberei oder zu Bröseln verarbeitet wie zum Beispiel für das Rezept auf Seite 143.

Fermentation

Sibylle Hunger alias GmiasHunger (www.gmiashunger.de) ist eine leidenschaftliche Fermentista, die seit vielen Jahren ihr Handwerk perfektioniert: das Fermentieren von gesundem, regionalem Gemüse und Obst. Mit ihrem reichen Erfahrungsschatz und ihrer tiefen Verbundenheit zur Natur teilt sie ihr Wissen gerne mit anderen. In einem einleitenden Kapitel zu diesem Buch gibt sie dir einen Einblick in die faszinierende Welt der Fermentation, inspiriert von der bunten Vielfalt der Natur. Sibylles Fachwissen und Hingabe machen sie zu einer wertvollen Wissensquelle für alle, die die Kunst des Fermentierens entdecken möchten.

Fermentieren: mit GmiasHunger

Fermentieren ist konservierte Frische
Frische Zutaten im Salat, die Wochen vorher schon vorbereitet wurden? Knackiges Gemüse voller Vitamine und Nährstoffe aus dem Glas? Das klingt nach Zauberei und lässt die Fantasie überschäumen. Dabei handelt es sich hier um die älteste und einfachste Art, Gemüse haltbar zu machen, ganz ohne Energie und mit einfachsten Mitteln: das Fermentieren. Mittels Milchsäuregärung, die wir auch beim guten alten Sauerkraut anwenden, wird rohes Gemüse zu einer fein-sauren Spezialität, die wir einfach pur genießen oder als kreative Zutat in Salate und viele andere Gerichte geben können. Je nach Zubereitung fällt dabei eine saure Salzlake an, deren Aroma sich bestens in ein Dressing einbringt. Fermentieren ist echte Handarbeit und von der Ernte (oder vom Einkauf) der Zutaten bis zum fertigen Salat ein Fest für alle Sinne!

Hygiene früher und heute
Zugegeben, in früheren Zeiten ging beim Fermentieren auch mal etwas schief und unerwünschter Schimmel oder lästige Kahmhefe mussten hingenommen werden. Das mag an mangelnder Hygiene gelegen haben oder daran, dass die Gefäße innen rau waren und/oder nur lose abgedeckt. Heute wissen wir mehr über die beteiligten Mikroorganismen und können diese während der Fermentierung gut in Schach halten. Immer noch mit einfachsten Mitteln, aber eben den richtigen: saubere, glattwandige Gefäße, zuverlässiger Luftabschluss und ausreichend Salz.

Im eigenen Saft oder in Salzlake
So gut wie jedes Gemüse kann mittels Milchsäuregärung veredelt und haltbar gemacht werden. Am bekanntesten ist bei uns das traditionelle Sauerkraut und seit einigen Jahren das aus Südkorea eingewanderte Kimchi. Ich persönlich bevorzuge als Zutat in bunten Salaten knackige Wurzelgemüse wie Karotten oder Rote Bete, die fein geraspelt oder dünn gehobelt im eigenen Saft und etwas Salzlake eingelegt werden. Wer es stückig mag, kann Gemüse (Radieschen, Tomaten, Gurken) auch im Ganzen, als Sticks oder dickere Scheiben in Salzlake einlegen. Dabei entsteht ausreichend würzige Lake für ein Salatdressing.

Regional & saisonal
Das ganze Jahr über können wir bei Gemüse aus dem Vollen schöpfen: Radieschen, Mairübchen, Kohlrabi, Fenchel, Spargel, Gurken, Tomaten, Kürbis, Kohlrüben, Schwarzwurzeln, Topinambur und viele andere. Idealerweise

Gmias
Hunger

wandern die zur Erntesaison ins Glas zum Fermentieren. Auf diese Weise können dann beispielsweise Spargel und Cocktailtomaten auch zum Weihnachtsmenü auf den Tisch kommen oder umgekehrt Herbst- und Wintergemüse wie Topinambur den Sommersalat ergänzen.

Keine Angst vor Bakterien

Fermentieren funktioniert nur mit lebenden Mikroorganismen. Wir müssen daher wissen, womit wir es zu tun haben, um die nützlichen Bakterien zu fördern und die Spielverderber auszubremsen. Gemüse ist von Natur aus besiedelt mit reichlich Milchsäurebakterien, die sich unter Wasser bei Raumtemperatur rasend schnell vermehren und so für ein saures Milieu im Glas sorgen. Zusammen mit Salz lässt Milchsäure alle unerwünschten Mikroorganismen verkümmern. Gleichzeitig entsteht Kohlensäure, die wir als aufsteigende Bläschen erkennen können. Gelingende Gärung lässt sich also am Blubbern und am sauren Geschmack erkennen. Schimmel oder Hefe würde man auf jeden Fall auf der Oberfläche sehen – wo nichts ist, ist alles gut! Bei Gemüse in Lake sollte nichts obenauf schwimmen und deshalb lege ich alles nach unten ins Glas.

Vielfalt mit Aromen

Puristen nehmen zum Fermentieren nur Gemüse und Salz. Alle anderen können sich im Gewürzregal und an Kräutertöpfchen nach Herzenslust bedienen. Meine Lieblinge sind Senfkörner, Schwarzkümmel und frischer Ingwer. Auch Knoblauch, Chilischoten und Meerrettichwurzel sind gern gesehen Gäste im Gärglas. Kräuter mit ätherischen Ölen, wie etwa Rosmarin, eher sparsam dosieren, sonst schmeckt das Endprodukt eher nach Badezusatz. Generell gilt: Je feiner das Gemüse zerkleinert ist, desto feiner sollten auch die Würzzutaten zubereitet werden.

Sichere Behälter

Auf dem Markt gibt es mittlerweile eine große Auswahl an Behältern aus Glas, Kunststoff und Keramik zum Fermentieren. Die wichtigsten Kriterien dafür sind: Schutz vor Sauerstoff, Entweichen von Überdruck, säurebeständige Materialien und einfache Pflege. Immer wieder höre ich von der Angst vor explodierenden Gärgläsern. Diese Sorge hat man mit Drahtbügelgläsern oder Einmachgläsern nicht. Sie wurden eigens für das Entweichen von Überdruck entwickelt und sind sehr preisgünstig, hygienisch, zuverlässig, langlebig und in vielen Größen erhältlich. Spezielle Glasgewichte oder die Glasdeckel von kleineren Einmachgläsern schützen die Oberfläche des Gemüses und halten es unter Lake. Bitte keine Gläser mit Schraubdeckel (Twist-off) verwenden. Fest verschlossen können die tatsächlich bersten und leicht geöffnet lassen sie Sauerstoff eindringen.

Alles braucht seine Zeit

Mit dem richtigen Timing hat man stets fermentiertes Gemüse zur Hand, auf das erste Glas muss man allerdings einige Wochen warten. Fünf bis sieben Tage dauert die Gärung bei Raumtemperatur und danach lässt man das Gemüse etwa zwei Wochen reifen. Dafür eignet sich auch die Speisekammer oder der Keller mit Temperaturen von 12–17 °C. Wer keine kühlere Umgebung hat, lässt es bei Raumtemperatur stehen, denn im Kühlschrank würde sich die Reifung zu stark verlangsamen. Nach zwei bis drei Wochen kann das Glas geöffnet werden oder verschlossen für mehrere Monate gelagert werden. Je kühler, desto besser für den Geschmack, wobei die Haltbarkeit bei ungeöffneten und dicht verschlossenen Gläsern auch ohne Kühlung gegeben ist. Geöffnete Gläser wandern in den Kühlschrank. Sollte jetzt ein weißer Belag auftreten, handelt es sich sehr wahrscheinlich um zugewanderte Kahmhefe. Sie ist nicht appetitlich, aber harmlos und kann abgenommen werden.

Geschmack & Nährstoffe

Fermentiertes Gemüse ist voller Vitamine und lebendiger Mikroorganismen, die für unsere Darmflora, für unser Mikrobiom nützlich sein können. Nach einigen Wochen der Fermentation ist der Gehalt an Nährstoffen sehr hoch und die Aromen sind ausgewogen. Wer sich eine Routine aufbaut und regelmäßig für Nachschub an Eingelegtem sorgt, profitiert in Sachen Gesundheit und Geschmack am meisten. Damit sich der Körper an die Kost gewöhnt, startet man am besten mit kleinen Mengen auf dem Speiseplan: 1–2 Gabeln täglich, später dann auch mehrmals, wenn man Lust darauf hat.

Das Wichtigste im Überblick

Utensilien & Zutaten

- Digitale Küchenwaage, um Gemüse und Salz genau zu wiegen
- Einmachglas mit Gummiring und Klammern oder Drahtbügelglas
- Glasgewicht oder Glasdeckel eines kleineren Einmachglases
- Frisches Gemüse, gewaschen und, wenn nötig, geschält
- Salz ohne Jod und Fluorid und ohne Zusatzstoffe (z. B. naturbelassenes deutsches Steinsalz)
- Stampfer oder Ähnliches, um das Gemüse ins Glas zu pressen

Ablauf

Glas und Zubehör heiß spülen und gründlich nachspülen. Sterilisieren ist nicht nötig. Gemüse laut Rezept zubereiten und einfüllen, Glasrand säubern, trockentupfen und das Glas mit trockenem Deckel und Gummi luftdicht verschließen. Der Salzgehalt sollte bei 2 bis maximal 3 Prozent des gesamten Glasinhaltes liegen (Gemüse und Wasser).

Das Glas bei 18–22 °C auf einen Teller stellen, nicht am Fenster, sondern eher vor Licht geschützt.

Nach 1–2 Tagen ist die Gärung sichtbar. Es tritt wahrscheinlich Flüssigkeit aus und ein Gärgeruch ist wahrnehmbar. Beides ist normal. Bitte nicht öffnen und nicht am Gummi zupfen!

Nach 1 Woche das Glas außen säubern und nach Möglichkeit an einen kühleren dunklen Ort stellen (Speisekammer oder Keller). Das Glas immer nur am Rumpf fassen, nicht am Deckel.

Nach insgesamt 3–4 Wochen ist das Ferment fertig und kann geöffnet werden. Sollte sich Schimmel gebildet haben, muss alles entsorgt werden. Das passiert aber sehr selten! Ungeöffnete Gläser können bis zur nächsten Erntesaison gelagert werden, je kühler, desto besser.

Geöffnete Gläser im Kühlschrank lagern. Die Haltbarkeit variiert von 1–4 Wochen, je nachdem, wie oft ein Glas geöffnet wird und wie viel Sauerstoff eindringt.

Tipp

Größere Gläser können für die Lagerung im Kühlschrank in kleinere Schraubgläser umgefüllt werden. Dann hat man das Gärglas gleich wieder frei für die nächste Runde.

Rote Bete

Für ca. 850 g inklusive Lake
Für 1-Liter-Einmachglas
oder -Bügelglas

Zutaten
600 g Rote Bete, geschält
19 g Steinsalz

Meine Gewürztipps
- 2 EL frisch geraspelter Meerrettich, 1 TL Senfkörner und ½ TL frisch gemahlener schwarzer Pfeffer
- 1 TL Kümmelsamen und 1 geriebene Knoblauchzehe
- ½ Zwiebel in halben Ringen, ½ TL Schwarzkümmelsamen und 1 TL Senfkörner

Süßsaure Farbenfreude

Fermentieren bringt bei Roter Bete Zucker und Säure ins Gleichgewicht. Eingelegte Rote Bete aus dem Supermarkt ist gekocht und gezuckert, um den Essig abzumildern. Die Milchsäuregärung hingegen baut den Zucker um in eine milde Säure und liefert uns ein kalorienarmes und frisches Gemüse. Man kann fein gehobelte oder geraspelte Rote Bete im eigenen Saft fermentieren, aber ich gebe gerne noch etwas Wasser dazu, um mehr Lake für ein Salatdressing zu gewinnen. Dieses Rezept funktioniert auch mit allen anderen Wurzel- und Knollengemüsen.

Die Rote Bete in dünne Scheiben hobeln oder fein raspeln. In einer Schüssel mit dem Salz vermengen, bis Lake entsteht. Mit 250 ml kaltem Wasser und Würzzutaten mischen, portionsweise ins Glas füllen und (mit einem Stampfer) verdichten.

Nach oben mindestens eine Daumenbreite bis zum Glasrand frei lassen, ein Glasgewicht oder einen kleinen Einmachglasdeckel einlegen und das Glas mit Gummi und zwei Klammern bzw. Bügelverschluss verschließen. Die Bete bei Raumtemperatur 7–10 Tage gären lassen und anschließend 3–4 Wochen bei 12–18 °C reifen lassen.

Tipp: gärfreudig und samtig

Rote Bete gärt sehr heftig und kann überschäumen. Durch den hohen Zuckergehalt kann die Lake dickflüssig bzw. samtig werden, das ist keine Fehlgärung. Eine längere Reifung von 4–6 Wochen rundet den Geschmack ab.

Variante: in Lake

In größeren Würfeln, dickeren Scheiben oder als Sticks mit mehr Lake gelingt Rote Bete ebenso gut. Mit allem verfeinern, was man gerade zur Verfügung hat, insbesondere größere Gewürze wie Wacholder, Piment, Lorbeerblatt lassen sich in Lake gut unterbringen.

Verwendung

Für alle Blattsalate und in Bowls. Dünne Scheiben sind perfekt für Carpaccio. Mit Kichererbsen und Olivenöl lässt sich Pink Hummus mixen.

Radieschen

ca. 850 g inklusive Lake
1-Liter-Einmachglas
oder -Bügelglas

Zutaten

ca. 400 g Radieschen, gewaschen, ohne Grün, die Wurzel kann dranbleiben. (Die Gesamtmenge ist abhängig von der Größe der Radieschen und der Form des Glases.)

19 g Steinsalz

Meine Gewürztipps

1 TL Senfsaat

1 Lorbeerblatt

1 halbierte Knoblauchzehe

1 Stückchen Chilischote oder ½ TL Pfefferkörner

Zartrosa Knabberspaß

Da kann einem schon mal die Spucke wegbleiben, wenn während des Fermentierens die knallroten Knöllchen über Nacht die Hüllen fallen lassen und ganz blass im Glas liegen. Dieses Schauspiel leitet die Verwandlung ein und von nun an zieht die rote Farbe zusammen mit dem Salz in die Radieschen ein. Am Ende ist alles flamingorosa durchgefärbt. Mit derselben Methode lässt sich auch anderes Gemüse in Lake einlegen: Cocktailtomaten, Einlegegurken, Rosenkohl, Spargelstangen und alles, was nicht fein geraspelt oder gehobelt ist.

Große Radieschen halbieren. Das Salz ins Glas geben, 1 Tasse kaltes Wasser aufgießen und das Salz darin lösen.

Die Gewürze einfüllen und die Radieschen eng ins Glas schichten, bis 2 cm unterhalb des Randes. Mit Wasser auffüllen, bis die Radieschen bedeckt sind. Die Gewürze sollten möglichst am Boden bleiben. Ein Glasgewicht oder einen kleineren Einmachglasdeckel einlegen und das Glas mit Gummi und zwei Klammern bzw. Bügelverschluss verschließen.

Bei Raumtemperatur 5–7 Tage gären lassen und anschließend 2 Wochen bei 12–18 °C reifen lassen.

Tipps

2 Scheiben Rote Bete unten im Glas sorgen für einen Hauch mehr Farbe.

Im Frühling kann man Radieschen auch mit kleinen Mairübchen mischen.

Verwendung

Aufgeschnitten im Blattsalat, im Ganzen zu Bowls. Im Frühling zu Salaten mit Spargel und Erdbeeren.

Keep it Simple

Im Mittelpunkt der folgenden Rezepte stehen Salatgerichte mit wenigen, aber sorgfältig ausgewählten Zutaten. Less is more setzt sich durch, wenn knackiges Grün, frisches Gemüse, knusprige Toppings und feine Dressings zu harmonischen Kompositionen verschmelzen.

Für 2 Personen
Zubereitungszeit 30 Minuten

Chicorée | Orange | Mandel

2 Burrata
2 Orangen
2 Chicorée
1 EL Olivenöl
1 EL Ahornsirup
2 EL Balsamessig
2 EL Mandelstifte
schwarzer Pfeffer aus der Mühle
Meersalzflocken zum Bestreuen

Die Burrata aus dem Kühlschrank nehmen und etwas temperieren lassen. Eine Orange waschen, den Blüten- und Stielansatz abschneiden. Die Schale ringsum von oben nach unten entfernen, sodass nichts von der weißen Innenhaut am Fruchtfleisch bleibt. Die Orange in Scheiben schneiden und beiseitestellen.

Die Chicoréestauden waschen, gut trockentupfen und halbieren oder vierteln. Eine Pfanne erhitzen und das Olivenöl hinzufügen. Die Salathälften mit der Schnittfläche nach unten in die Pfanne geben und anbraten, ab und zu wenden.

Die zweite Orange auspressen und den Saft mit Ahornsirup sowie Essig mischen. Zum Salat in die Pfanne geben. Achtung, es kann spritzen. Den Chicorée durchschwenken und ein paar Minuten weiterbraten.

Währenddessen die Mandelstifte in einer zweiten Pfanne ohne Fettzugabe bei mittlerer Temperatur goldbraun rösten. Die Burrata abgießen.

Zum Anrichten die Orangenscheiben gleichmäßig auf zwei Teller verteilen, jeweils zwei Chicoréehälften oder vier Viertel und eine Burrata auflegen. Jeweils 1 Prise Pfeffer darübermahlen und etwas von dem Sud aus der Pfanne darüberträufeln. Mit Mandelstiften und Meersalzflocken bestreut servieren.

Dazu passt ein frisches knuspriges Baguette oder Ciabatta hervorragend.

Für 2 Personen
Zubereitungszeit 30 Minuten

Römersalat | Kichererbse | Granatapfel

Topping
1 Glas Kichererbsen (220 g Abtropfgewicht)
1 EL Bratöl
Salz
1 Prise Cayennepfeffer

Dressing
½ unbehandelte Zitrone
1 EL Tahini
1 EL Joghurt (mind. 3,5 % Fettgehalt)
1 EL Olivenöl
1 TL Senf
½ TL Sojasauce

Salatbasis
2 Römersalatherzen
1 EL Bratöl
¼ Granatapfel
4 Stängel glatte Petersilie
frisch gemahlener schwarzer Pfeffer

Tipp
Übrige gebackene Kichererbsen sind ein super Snack für zwischendurch.

Den Backofen auf 200 °C Umluft vorheizen.

Für das Topping die Kichererbsen abgießen, in eine Schüssel geben und mit Öl, 1 Prise Salz und Cayennepfeffer mischen. Auf ein mit Backpapier belegtes Blech geben und im heißen Ofen in 10–15 Minuten knusprig backen, dabei ab und zu durchmischen.

Für das Dressing die Zitrone waschen, trockenreiben und 1 EL Saft auspressen. Die Schale abreiben und bis zum Servieren beiseitestellen. Den Zitronensaft mit den restlichen Zutaten für das Dressing außer dem Schalenabrieb in einer Schüssel mit einem Schneebesen gut vermischen.

Für die Salatbasis eine Grillpfanne erhitzen. Den Salat waschen, gut trockentupfen und die Salatherzen jeweils halbieren. Die Pfanne mit dem Bratöl ausstreichen und die Salathälften darin auf den Schnittflächen anbraten, bis sie die typischen Grillstreifen haben. Dann wenden und kurz weiterbraten.

Die Kerne aus dem Granatapfel lösen. Die Petersilie waschen, trockentupfen und die Blättchen abzupfen.

Jeweils zwei gegrillte Salathälften auf einen Teller legen und mit Kichererbsen, Granatapfelkernen, Petersilie und Zitronenabrieb bestreuen. Mit dem Dressing beträufeln, mit jeweils 2 Prisen Pfeffer würzen und sofort servieren.

Für 2 Personen
Zubereitungszeit 20 Minuten

Feldsalat | Grapefruit | Kaper

Salatbasis
100 g Feldsalat
40 g Portulak
½ Grapefruit
2 EL Kapern
2 EL Bratöl

Dressing
1 Prise Salz
1 EL Granatapfelessig
1 TL flüssiger Honig
½ TL Senf
2 EL Traubenkernöl
2 EL Olivenöl

Außerdem
100 g Walnussbrie
1 TL Rosa Beeren

Für die Salatbasis den Feldsalat und den Portulak verlesen, waschen und trockentupfen. Die Grapefruit waschen, längs halbieren, den Blüten- und Stielansatz abschneiden und die Schale ringsum von oben nach unten entfernen, sodass nichts von der weißen Innenhaut am Fruchtfleisch bleibt. Die Hälften erneut längs teilen, jeweils quer in Scheiben schneiden und beiseitestellen.

Die Kapern gut trockentupfen. Das Öl in einer Pfanne erhitzen, die Kapern hineingeben und kurz frittieren, bis sie knusprig sind. Einen Teller mit einem Küchentuch belegen und die frittierten Kapern daraufgeben.

Für das Dressing das Salz im Essig lösen und mit den restlichen Zutaten gut vermischen.

Den Käse in Scheiben schneiden. Die Rosa Beeren im Mörser zerstoßen.

Grapefruit, Feldsalat, Portulak und Käse auf zwei Tellern anrichten. Mit dem Dressing beträufeln und mit Kapern sowie Rosa Beeren bestreut servieren.

Für 2 Personen
Zubereitungszeit 20 Minuten

Bunte Tomaten | Büffelmozzarella

Salat
2 Kugeln Büffelmozzarella
400 g gemischte bunte Tomaten

Dressing
1 Prise Salz
1 EL weißer Balsamessig
2 EL natives Olivenöl
2 EL natives Rapsöl

Außerdem
4 Stängel Basilikum
frisch gemahlener schwarzer Pfeffer
Meersalzflocken

Für den Salat den Büffelmozzarella 30–60 Minuten vor dem Servieren aus dem Kühlschrank nehmen.

Die Tomaten waschen, trockentupfen und in Scheiben schneiden. Bunt gemischt auf zwei Teller verteilen.

Für das Dressing das Salz mit einem Schneebesen im Essig auflösen. Die Öle hinzufügen und alles gut vermischen.

Den Büffelmozzarella abgießen und jeweils eine Kugel zerzupft über die Tomaten geben. Das Basilikum waschen, trockentupfen, die Blätter abzupfen und auf den Tellern verteilen. Alles mit etwas Pfeffer und Meersalzflocken würzen und mit dem Dressing beträufelt servieren.

Dazu passt ein knuspriges Ciabatta oder Wurzelbaguette ganz wunderbar.

Tipp
Alte bunte Tomatensorten finden sich meist auf Wochen- und Bauernmärkten. Sie sind nicht nur hübsch anzusehen, sondern jede einzelne hat ihr eigenes Aroma und es ist eine große Freude, sich durchzuprobieren.

Für 2 Personen
Zubereitungszeit 40 Minuten

Zucchini | Parmesan | Haselnuss

Gegrillte Zucchini
200 g gelbe Zucchini
200 g grüne Zucchini
1 EL Olivenöl
Salz
½ EL Weißweinessig

Außerdem
30 g Parmesan am Stück
4 Stängel grünes Basilikum
4 Stängel lila Basilikum
25 g Haselnusskerne, geröstet (siehe Seite 35)
1 EL Olivenöl
1 EL Haselnussöl
frisch gemahlener schwarzer Pfeffer

Für die gegrillten Zucchini die Zucchini waschen, trockentupfen, den Stielansatz entfernen und die Früchte schräg in 1 cm dicke Scheiben schneiden. In einer Schüssel das Olivenöl mit 1 Prise Salz mischen, die Zucchinischeiben hinzufügen und vorsichtig durchmischen, bis sie mit Öl überzogen sind. Eine Grillpfanne heiß erhitzen und die Zucchini darin portionsweise kurz von beiden Seiten braten, bis die typischen Grillstreifen zu sehen sind, das dauert jeweils etwa 2 Minuten. Die gegrillten Zucchini in eine Schüssel geben, mit dem Essig beträufeln, behutsam mischen und abkühlen lassen.

Zwischenzeitlich den Parmesan hobeln. Das Basilikum waschen, trockentupfen und die Blätter abzupfen.
Die gerösteten Haselnusskerne grob hacken oder in einem Mörser zerstoßen.

Die Öle sowie jeweils die Hälfte der Haselnussstückchen und des Basilikums zu den Zucchini in die Schüssel geben und mit 2 Prisen Pfeffer durchmischen.

Den Salat auf zwei Teller verteilen und mit etwas Pfeffer würzen. Mit den Parmesanspänen, den übrigen Basilikumblättchen und den übrigen gehackten oder zerstoßenen Haselnüssen garniert servieren.

Für 2 Personen
Zubereitungszeit 20 Minuten

Gurke | Miso | Sesam

6 Mini-Gurken
Salz
2 EL Sesamsamen
1 Knoblauchzehe
2 cm Ingwerwurzel
1 EL Reisessig
1 EL helle Miso-Paste
1 TL flüssiger Honig
1 EL geröstetes Sesamöl
½ TL Chiliflocken

Die Gurken waschen und trockentupfen. Eine Gurke zwischen zwei Holzspieße (z. B. Schaschlikspieße) auf ein Brett legen und alle 1–1,5 cm diagonal einschneiden, bis das Messer die Holzspieße berührt. Die Gurke so wenden, dass die Einschnitte unten auf dem Brett liegen, die Gurke nun alle 1–1,5 cm waagrecht einschneiden. Alle Gurken so einschneiden. Die Gurken mit Salz bestreuen, vorsichtig mischen und beiseitestellen.

Den Sesam in einer Pfanne ohne Fettzugabe rösten, bis er zu duften und knacken beginnt. Sofort in ein Schälchen umfüllen.

Ein Dressing zubereiten. Dazu die Knoblauchzehe abziehen und fein hacken. Den Ingwer mit einem kleinen Löffel von der Schale befreien und fein reiben. Den Reisessig mit Miso, Honig und Sesamöl vermischen. Knoblauch und Ingwer hinzufügen und unterrühren.

Die Gurken in ein Sieb geben und kurz abtropfen lassen. Dann mit dem Dressing vermischen und auf zwei Schalen verteilen. Mit dem Sesam sowie Chiliflocken bestreut servieren.

Für 2 Personen
Zubereitungszeit 30 Minuten
Ziehzeit über Nacht

Feldsalat | Kräuterseitling | Schalotte

Eingelegte Schalotten
125 g Schalotten
65 ml Weißweinessig
15 ml Rote-Bete-Saft
1 TL Salz
¼ TL schwarze Pfefferkörner
¼ TL Pimentkörner
1 Lorbeerblatt
2 EL Rohrohrzucker

Salatbasis
100 g Feldsalat
300 g Kräuterseitlinge
1 Zweig Rosmarin
½ Knoblauchzehe
1 EL Bratöl
Salz
frisch gemahlener schwarzer Pfeffer

Dressing
1 EL Apfelessig
1 Prise Salz
½ TL Senf
1 TL flüssiger Honig
3 EL Walnussöl
2 EL Olivenöl

Am Vortag für die eingelegten Schalotten die Schalotten abziehen, in Scheiben schneiden und in ein sauberes Schraubglas schichten. Essig, Rote-Bete-Saft, Salz, Pfefferkörner, Piment, Lorbeerblatt und Zucker mit 50 ml Wasser in einen kleinen Topf geben und aufkochen. So lange kochen, bis der Zucker sich aufgelöst hat. Die Schalotten mit dem heißen Sud übergießen, bis sie bedeckt sind. Das Glas abkühlen lassen, verschließen und über Nacht in den Kühlschrank stellen.

Am nächsten Tag für die Salatbasis den Feldsalat verlesen, waschen, trockentupfen und auf zwei Teller verteilen.

Die Pilze bei Bedarf abbürsten und in Scheiben schneiden. Den Rosmarinzweig waschen und trockentupfen. Die Knoblauchzehe andrücken. Eine Pfanne erhitzen, das Bratöl hinzufügen und den Rosmarin mit dem Knoblauch darin kurz ziehen lassen. Dann die Pilze zugeben und braten, bis sie leicht gebräunt sind. Mit 1 Prise Salz und 2 Prisen Pfeffer würzen.

Während die Pilze braten, die eingelegten Schalotten aus dem Kühlschrank nehmen. Die Zutaten für das Dressing mit einem Schneebesen vermischen.

Die gebratenen Pilze auf dem Feldsalat verteilen. Jeweils einige eingelegte Schalotten zugeben und mit dem Dressing beträufeln. Die restlichen Schalotten dazu reichen.

Tipp
Falls Schalotten übrig bleiben, in der Einlegeflüssigkeit im Kühlschrank lagern und zügig verbrauchen.

Für 2 Personen
Zubereitungszeit 30 Minuten

Bunte Beten | Ziegenkäse | Kürbiskern

Salatbasis
300 g bunte Beten (Gelbe, Ringel- und Rote Bete)
2 EL Kürbiskerne
2 EL Ahornsirup
2 Scheiben Ziegenkäse (je 2–3 cm dick)
1 Apfel
½ Schale Kresse
frisch gemahlener schwarzer Pfeffer

Dressing
1 EL Johannisbeeressig
2 Prisen Salz
½ TL Senf
1 TL flüssiger Honig
3 EL Traubenkernöl
2 EL Rapsöl

Für die Salatbasis die Beten waschen, trockentupfen und schälen. Mit einem Gemüsehobel oder scharfen Messer in dünne Scheiben schneiden. Zuerst die Gelbe Bete, dann die Ringelbete und zuletzt die Rote Bete (damit sie sich nicht gegenseitig verfärben). Die Scheiben gemischt auf zwei Teller verteilen.

Die Kürbiskerne in einer Pfanne ohne Fettzugabe anrösten. Im Anschluss grob hacken und beiseitestellen.

Den Ahornsirup in die Pfanne geben, die Ziegenkäsescheiben hineinlegen und bei mittlerer Temperatur karamellisieren, dabei ab und zu wenden. Bevor der Käse schmilzt, die Scheiben aus der Pfanne nehmen. 1 EL Wasser in die Pfanne geben, um die Bratreste zu lösen, und für das Dressing aufbewahren.

Während der Käse karamellisiert, den Apfel waschen und in Stifte hobeln oder schneiden. Die Kresse abschneiden. Die Zutaten für das Dressing und den Bratsud mit einem Schneebesen vermischen.

Je eine Scheibe karamellisierten Käse auf die Betescheiben legen und mit dem Dressing beträufeln. Die Apfelstifte darüber verteilen. Den Salat mit Kürbiskernen, Kresse und je 2 Prisen Pfeffer bestreut servieren.

Dazu passt ein frisches knuspriges Baguette ganz wunderbar.

Für 2 Personen
Zubereitungszeit 30 Minuten

Grüner Spargel | Radicchio rosa | Honigmelone

Salatbasis
100 g roter Reis
Salz
100 g Radicchio rosa (alternativ normaler Radicchio)
400 g Honigmelone
250 g grüner Spargel
1 EL Bratöl

Geröstete Cashewkerne
20 g Butter
140 g ungesalzene Cashewkerne
1 TL Bratöl
1 TL Zucker
¼ TL Piment d'Espelette
2 Prisen Ingwerpulver

Dressing
1 unbehandelte Limette
Salz
1 EL Naturjoghurt (mind. 3,5 % Fettgehalt)
1 TL flüssiger Honig
3 EL Rapsöl

Außerdem
½ TL grüner Pfeffer
Kugelausstecher (2 cm Durchmesser; optional)

Für die Salatbasis den Reis nach Packungsangabe in Salzwasser garen. Im Anschluss mit einer Gabel auflockern.

Für die gerösteten Cashewkerne den Backofen auf 160 °C Umluft vorheizen. Die Butter in einem kleinen Topf schmelzen. In eine Schüssel umfüllen und mit den Cashewkernen, dem Öl, dem Zucker und den Gewürzen vermengen, bis die Cashewkerne gleichmäßig von der Marinade überzogen sind. Auf ein mit Backpapier belegtes Blech geben und im vorgeheizten Ofen 12–18 Minuten rösten.

Die Radicchioblätter vereinzeln, waschen und trockenschleudern. Aus der Honigmelone Kugeln ausstechen oder die geschälte Melone mit einem Messer in Würfel schneiden.

Für das Dressing die Limette heiß waschen, trockenreiben, die Schale abreiben und zum Garnieren beiseitestellen. 2 EL Limettensaft auspressen und mit 1 Prise Salz, Joghurt, Honig und Rapsöl vermischen.

Für das Topping den grünen Pfeffer im Mörser zerstoßen oder mit einer Mühle grob mahlen.

Kurz vor dem Servieren für die Salatbasis den grünen Spargel waschen und trockentupfen. Eventuell holzige Enden schälen bzw. abschneiden. Die Stangen quer in etwa 3–4 cm lange Stücke schneiden. Den Spargel im Bratöl mit 1 Prise Salz kurz scharf anbraten, ab und zu schwenken. Der Spargel soll leicht gebräunt, aber noch bissfest sein.

Die Salatblätter als Bett auf zwei Teller legen. Jeweils die Hälfte Reis, Melone und Spargel darauf verteilen. Mit Cashewkernen, grünem Pfeffer sowie Limettenabrieb bestreuen und mit dem Dressing beträufelt servieren.

Für 2 Personen
Zubereitungszeit 40 Minuten

Radicchio da Campo | Karotte | Getreide

Salatbasis
80 g Getreide (z. B. Urgetreidemix)
160 ml Gemüsebrühe

Karamellisierte Karotten
1 EL Dattelsirup
½ EL dunkle Miso-Paste
½ EL Sojasauce
¼ TL Ras el-Hanout
1 EL Erdnussöl
250 g bunte Karotten

Zitronenjoghurt
½ unbehandelte Zitrone
4 EL griechischer Joghurt
1 TL flüssiger Honig
½ TL Chiliflocken
2 Prisen Salz

Außerdem
4 Stängel Radicchio da Campo (alternativ: Blattzichorie oder Riesenlöwenzahn)
25 g Haselnusskerne, geröstet (siehe Seite 35)

Für die Salatbasis das Getreide in der Gemüsebrühe aufkochen und bei niedriger Temperatur 20–25 Minuten köcheln lassen.

Für die karamellisierten Karotten den Ofen auf 180 °C Umluft vorheizen. Dattelsirup, Miso-Paste, Sojasauce, Ras el-Hanout und Erdnussöl mit ½–1 EL Wasser verrühren.

Die Karotten waschen, trockentupfen und schräg in etwa 0,5 cm dicke Scheiben schneiden. In einer Schüssel mit der Hälfte der Marinade überziehen und dann auf einem Backblech verteilen. Im heißen Ofen 15–20 Minuten rösten.

Für den Zitronenjoghurt die Zitrone heiß waschen, trockenreiben, die Hälfte der Schale fein abreiben und den Saft auspressen. Den Joghurt mit Zitronensaft, -abrieb, Honig, Chiliflocken und dem Salz mischen.

Den Radicchio waschen, trockentupfen und klein zupfen. In einer Schale mit dem Getreide, den Karotten und der restlichen Marinade mischen. Die gerösteten Haselnusskerne grob hacken oder in einem Mörser zerstoßen.

Den Salat auf Teller verteilen. Mit den Haselnüssen bestreuen und mit dem Zitronenjoghurt servieren.

Für 2 Personen
Zubereitungszeit 40 Minuten

Aubergine | Kirschtomate | Dattel

Gebratene Aubergine
400 g Aubergine
½ TL Salz
2 EL Erdnussöl

Geröstete Kichererbsen
1 Glas Kichererbsen (220 g Abtropfgewicht)
1 EL Bratöl
1 Prise Salz
1 Prise Cayennepfeffer
¼ TL gemahlener Zimt
¼ TL gemahlener Kreuzkümmel

Dressing
Salz
1 EL Granatapfelessig
½ TL Senf
1 EL Granatapfelsirup (siehe Seite 25)
1 EL Schwarzkümmelöl
4 EL Olivenöl

Außerdem
1 Medjool-Dattel
2 EL in Öl eingelegte getrocknete Kirschtomaten
4 Stängel glatte Petersilie
2 EL Joghurt (mind. 3,5 % Fettgehalt)
½ EL Schwarzkümmelsaat

Für gebratene Aubergine die Aubergine waschen, trockentupfen und quer in 1,5–2 cm dicke Scheiben schneiden. Diese auf einem Brett oder Blech auslegen und mit dem Salz bestreuen.

Für die gerösteten Kichererbsen den Backofen auf 200 °C Umluft vorheizen. Die Kichererbsen abgießen und in einer Schüssel mit Öl, Salz, Cayennepfeffer, Zimt und Kreuzkümmel mischen. Auf einem mit Backpapier belegten Blech verteilen und im heißen Ofen in 10–15 Minuten knusprig rösten. Ab und zu durchmischen.

Eine Grillpfanne erhitzen. Die Auberginenscheiben mit einem sauberen Küchenpapier trockentupfen. Die Pfanne mit dem Erdnussöl ausstreichen und die Auberginenscheiben darin portionsweise braten, bis sie die typischen Grillstreifen haben, dabei zwischendurch wenden.

Für das Dressing 2 Prisen Salz im Essig auflösen. Mit Senf, Granatapfelsirup und den Ölen glatt rühren.

Die Dattel entsteinen und in kleine Stücke schneiden. Die Tomaten aus dem Öl nehmen und abtropfen lassen. Die Petersilie waschen, trockentupfen und die Blättchen abzupfen.

Die gegrillten Auberginenscheiben auf zwei Teller verteilen. Mit Kichererbsen, Dattelstückchen, Tomaten und Petersilie toppen. Jeweils einen Klecks Joghurt auf die Teller geben und alles mit Schwarzkümmelsaat bestreut servieren.

Dazu passt frisches Pitabrot ganz wunderbar.

Für 2 Personen
Zubereitungszeit 25 Minuten

Lauch | Babykarotte | Miso

Zutaten
2 Stangen Lauch
1 EL Bratöl
Salz
1 EL Mirin
1 EL helle Miso-Paste
1 EL Dattelsirup
2 EL Sonnenblumenöl
150 g Babykarotten
Chiliflocken zum Bestreuen (optional)

Tipp
Um den Salat etwas gehaltvoller zu gestalten, gekochtes Getreide oder frisches Brot dazu reichen.

Die dunklen Blätter und den Wurzelansatz der Lauchstangen abschneiden. Die Stangen längs halbieren. Den Lauch waschen und trockentupfen.

Eine Gusseisenpfanne bei mittlerer Temperatur erhitzen. Vorsichtig mit Bratöl ausstreichen und den Lauch mit 1 Prise Salz darin braten, bis er leicht gebräunt und etwas weich geworden ist, dabei ab und zu wenden.

Mirin, Miso, Dattelsirup und Sonnenblumenöl mit 1 EL Wasser zu einem Dressing vermischen.

Die Karotten waschen, trockentupfen und halbieren. Den Lauch aus der Pfanne nehmen und beiseitestellen. Die Karotten in die Pfanne geben und kurz braten. Die Herdplatte ausschalten. Die Hälfte des Dressings in die Pfanne geben und die Karotten damit glasieren. Kurz durchziehen lassen.

Den Lauch auf zwei Teller verteilen, jeweils die Hälfte der Karotten zugeben und mit dem restlichen Dressing beträufeln. Den Salat nach Geschmack mit Chiliflocken bestreuen und sofort servieren.

Für 2 Personen
Zubereitungszeit 30 Minuten

Rotkohl | Apfel | Tempeh

1 EL Tahini
2 EL Olivenöl
1 EL Zitronensaft
½ EL Ahornsirup
1 EL Sojasauce (Shoyu)
1 ½ TL dunkle Miso-Paste
2 cm Ingwerwurzel
200 g Rotkohl
100 g Tempeh aus schwarzen Bohnen
1 EL Bratöl
1 EL Sesamsamen
1 Apfel
4 Stängel glatte Petersilie

Tahini, Olivenöl, Zitronensaft, Ahornsirup, Sojasauce und Miso-Paste zu einem Dressing mischen. Die Ingwerschale mit einem kleinen Löffel abschaben, den Ingwer fein reiben und zum Dressing geben.

Den Rotkohl waschen, trockentupfen und in feine Streifen schneiden oder hobeln. Die Stücke mit dem Dressing mischen.

Den Tempeh in dünne Scheiben schneiden. Eine Pfanne erhitzen, vorsichtig mit Bratöl ausstreichen und die Tempehscheiben darin kurz anbraten.

Den Sesam in einer kleinen Pfanne ohne Fettzugabe anrösten.

Den Apfel waschen, trockentupfen und in kleine Würfel schneiden. Die Petersilie ebenfalls waschen, trockentupfen, die Blätter abzupfen und grob hacken. Jeweils etwas davon für die Garnitur beiseitestellen. Restliche Apfelwürfel und Petersilie unter den Rotkohl mischen.

Den Rotkohlsalat auf zwei Schalen verteilen. Den Tempeh darauflegen, mit den beiseitegestellten Apfelstückchen, Petersilienblättchen sowie dem Sesam garnieren und servieren.

Gemüse-Stars

Im Kapitel Gemüse-Stars erwarten dich aromatische Gerichte mit erlesenen Gemüsesorten wie Schwarzwurzel, Ringelbete, Delicata-Kürbis und Schwarzkohl. Diese Gerichte schmecken nicht nur köstlich, sie sind auch ein Genuss für das Auge.

Für 2 Personen
Zubereitungszeit 45 Minuten

Stängelbrokkoli | Feige | Heidelbeere

100 g Heidelbeeren
Salz
4 EL Apfel-Balsamessig
2 EL Rapsöl
2 EL Olivenöl
30 g Schnittsalat und Kräuter (z. B. Rucola, Babyspinat, Borretsch, Sauerampfer, essbare Blüten)
2 frische Feigen
200 g Stängelbrokkoli oder junger Brokkoli (z. B. Bimi)
1 EL Bratöl
150 g französischer Schafskäse
Meersalzflocken zum Bestreuen
frisch gemahlener schwarzer Pfeffer

Die Heidelbeeren verlesen, waschen und trockentupfen. Ein Dressing zubereiten. Dazu 50 g Heidelbeeren mit 2 EL Wasser, 1 Prise Salz, 2 EL Apfel-Balsamessig, Raps- und Olivenöl fein pürieren und durch ein Sieb streichen. Die restlichen Heidelbeeren zum Anrichten beiseitestellen.

Den Salat und die Kräuter verlesen, waschen und trockenschleudern bzw. trockentupfen.

Die Feigen waschen, trockentupfen und halbieren. 2 EL Apfel-Balsamessig in einer kleinen Pfanne erhitzen und die Feigen mit der Schnittseite nach unten hineinlegen. Bei hoher Temperatur etwa 2 Minuten kochen, bis der Essig eine sirupartige Konsistenz hat. Danach die Feigenhälften aus der Pfanne nehmen und mit der Schnittfläche nach oben auf einen Teller legen. Den Essigsirup aus der Pfanne auf den Feigen verteilen.

Den Brokkoli waschen, gut trockentupfen und die Stielenden abschneiden. Das Bratöl in einem Topf bei hoher Temperatur erhitzen und den Brokkoli darin kurz scharf anbraten. Mit 3–4 EL Wasser ablöschen, dann die Temperatur reduzieren und den Brokkoli 3–4 Minuten garen.

Den Schafskäse in Ecken schneiden. Den Brokkoli mit Salat und Kräutern, Käse, den restlichen Heidelbeeren sowie den Feigen auf Tellern anrichten. Mit einigen Meersalzflocken und Pfeffer bestreuen und zusammen mit dem Heidelbeerdressing servieren.

Für 2 Personen
Zubereitungszeit 30 Minuten

Ringelbete | Avocado | Tempeh

2 kleine Ringelbeten
2 Handvoll Babyspinat
1 unbehandelte Orange
1 EL helle Miso-Paste
2 EL Erdnussöl
1 EL flüssiger Honig
½ TL fruchtiges Currypulver
200 g Tempeh »natur«
1 EL Bratöl
1 Avocado
Chiliflocken zum Bestreuen

Die Ringelbeten waschen, trockentupfen, schälen und in feine Scheiben hobeln. Den Babyspinat verlesen, waschen und trockenschleudern.

Die Orange heiß waschen, trockenreiben, die Schale fein abreiben und beiseitestellen. Die Orange halbieren und den Saft auspressen. Den Saft mit Miso, Erdnussöl, Honig, 1–2 EL Wasser und Currypulver zu einem Dressing mischen.

Den Tempeh längs halbieren und quer in etwa 1–1,5 cm dicke Scheiben schneiden. Eine Pfanne erhitzen und das Bratöl hineingeben. Die Tempehscheiben darin anbraten, bis sie knusprig sind. Mit etwas Dressing ablöschen und kurz darin wenden.

Die Avocado halbieren, den Kern entfernen, das Fruchtfleisch mit einem Löffel aus der Schale lösen und in Scheiben schneiden.

Ringelbeten, Babyspinat, Avocado und Tempeh auf zwei Tellern anrichten und mit dem restlichen Dressing beträufeln. Mit dem Orangenabrieb und einigen Chiliflocken bestreut servieren.

Für 2 Personen
Zubereitungszeit 30 Minuten
Ziehzeit 20–30 Minuten

Schwarzkohl | Sauerteigbrot | Kirschtomate

- 1 rote Zwiebel
- Salz
- 2 Knoblauchzehen
- 5 Zweige Thymian
- 6 EL Olivenöl
- 1–2 getrocknete Chilischoten
- 250 g Schwarzkohl
- 100 g in Öl eingelegte getrocknete Kirschtomaten
- 120 g in Öl eingelegte gegrillte Paprika
- 400 g altbackenes Sauerteigbrot
- ¼ Salzzitrone
- 1 EL Balsamessig plus etwas mehr zum Abschmecken
- 1–2 EL Zitronenöl
- frisch gemahlener schwarzer Pfeffer

Die Zwiebel abziehen, halbieren und in Streifen schneiden. Mit 1 Prise Salz mischen und beiseitestellen. Den Knoblauch abziehen und quer in Scheiben schneiden. Den Thymian waschen und gut trockentupfen. Das Olivenöl in eine Pfanne geben. Thymian, Knoblauch, Zwiebel und Chilischoten hineinlegen und erhitzen. Die Zwiebel bei mittlerer Temperatur leicht bräunen und mit den Gewürzen gut durchziehen lassen.

Den Schwarzkohl waschen und in mundgerechte Stücke zupfen, dicke Stiele entsorgen. Wasser mit 1 TL Salz in einem ausreichend großen Topf aufkochen. Den Schwarzkohl zugeben und einige Minuten blanchieren. Anschließend mit einem Schaumlöffel herausheben und abtropfen lassen.

Kirschtomaten und Paprika aus dem Öl nehmen und abtropfen lassen. Die Paprika in Streifen schneiden. Das Brot in mundgerechte Stücke zupfen. Die Salzzitrone fein hacken.

Die Thymianzweige und Chilischoten aus der Pfanne entfernen. Den restlichen Pfanneninhalt zusammen mit Salzzitrone, Brot, Balsamessig, Zitronenöl, Kirschtomaten, Paprika und Schwarzkohl in einer Schüssel gut durchmischen. Zuletzt alles mit Essig, Salz und Pfeffer abschmecken.

Den Salat etwa 20–30 Minuten durchziehen lassen und dann servieren.

Für 2 Personen
Zubereitungszeit 45 Minuten

Kartoffel | Buschbohne | Fenchel

Salatbasis
500 g vorwiegend festkochende Kartoffeln
Salz
1 Lorbeerblatt
6 Pimentkörner
120 g Buschbohnen
2 Eier
1 kleine Knolle Fenchel (ca. 100 g)
½ Salatgurke

Dressing
30 g frische Kräuter (z. B. Dill, Petersilie, Schnittlauch)
1 Knoblauchzehe
2 EL Kapern
½ unbehandelte Zitrone
½ Jalapeño-Schote
40 g Mayonnaise
40 g saure Sahne
Salz
frisch gemahlener schwarzer Pfeffer

Für die Salatbasis die Kartoffeln waschen und mit ½ TL Salz, dem Lorbeerblatt und den Pimentkörnern in einen Topf geben. Mit Wasser bedecken und bei hoher Temperatur aufkochen. Die Temperatur reduzieren und die Kartoffeln je nach Größe 20–30 Minuten garen. Sie sollten nicht zu weich werden, da sie sonst zerfallen. Abgießen und ausdampfen lassen.

Die Buschbohnen waschen, trockentupfen und die Enden abschneiden. Die Bohnen je nach Größe halbieren oder dritteln. Wasser mit ½ TL Salz in einem Topf aufkochen und die Bohnen darin in 5–8 Minuten bissfest garen. Herausnehmen und abtropfen lassen.

Wasser in einem kleinen Topf zum Kochen bringen. Die Eier vorsichtig hineingleiten lassen und in 6–7 Minuten wachsweich kochen. Herausnehmen und abschrecken.

Für das Dressing die Kräuter waschen, trockenschleudern und fein hacken. Den Knoblauch abziehen und fein hacken. Die Kapern abtropfen lassen und ebenfalls hacken. Die Zitrone heiß waschen, trockenreiben, die Schale fein abreiben und den Saft auspressen. Die Jalapeño-Schote waschen, trockentupfen und fein hacken. Alles mit Mayonnaise und saurer Sahne vermischen. Das Dressing mit Salz und Pfeffer abschmecken.

Die Kartoffeln pellen und in etwa 1 cm dicke Scheiben schneiden. Für die übrige Salatbasis den Fenchel und die Gurke waschen, trockentupfen und in feine Scheiben hobeln oder schneiden. Die Eier pellen und halbieren.

Alles auf zwei Tellern anrichten und mit dem Dressing beträufelt servieren.

Für 2 Personen
Zubereitungszeit 20 Minuten

Kohlrabi | Karotte | Tempeh

Dressing
1 EL Zitronenessig (siehe Seite 21) plus etwas mehr zum Abschmecken
2 Prisen Salz
2 EL Olivenöl
3 EL Rapsöl
1 EL Naturjoghurt

Salatbasis
1 Kohlrabi
2 Karotten
2 EL Sonnenblumenkerne
200 g Tempeh »natur«
1 EL Bratöl
Salz
4 Stängel Dill
½ TL Chiliflocken

Für das Dressing die Zutaten glatt rühren.

Für die Salatbasis den Kohlrabi und die Karotten waschen, schälen und mit dem Spiralschneider zu Spiralen schneiden oder mit einem Gemüsehobel in Stifte schneiden. Alles mit dem Dressing mischen und beiseitestellen.

Die Sonnenblumenkerne in einer Pfanne ohne Fettzugabe rösten, bis sie leicht gebräunt sind und zu duften beginnen. Dann in eine kleine Schüssel umfüllen und beiseitestellen.

Den Tempeh in etwa 1 × 1 cm große Würfel schneiden. Das Öl in einer Pfanne erhitzen und die Tempehwürfel mit 1 Prise Salz darin rundum knusprig braten.

Den Dill waschen, trockentupfen und die Spitzen abzupfen.

Von dem Dill, den Chiliflocken und den Sonnenblumenkernen jeweils etwas für die Garnitur beiseitestellen. Den Rest unter den Kohlrabi-Karotten-Salat mischen. Alles mit Essig und Salz abschmecken.

Den Salat auf zwei Tellern anrichten. Mit Tempeh-Croutôns, den beiseitegestellten Dillspitzen, Chiliflocken und Sonnenblumenkernen bestreut servieren.

Für 2 Personen
Zubereitungszeit 35 Minuten

Mini-Spargel | Quinoa | Cranberry

60 g getrocknete Cranberrys
1 unbehandelte Orange
5 EL Traubenkernöl
100 g Quinoa
Salz
1 EL Apfelessig
80 g Mandelkerne, geröstet (siehe Seite 35)
½ TL Chiliflocken plus optional mehr zum Servieren
250 g grüner Mini-Spargel
1 EL Olivenöl

Die Cranberrys grob hacken. Die Orange waschen, trockenreiben, die Schale abreiben und für die Garnitur aufbewahren. Den Saft auspressen. Die Cranberrys mit dem Orangensaft sowie 3 EL Traubenkernöl mischen und beiseitestellen.

Die Quinoa waschen und mit der 2,5-fachen Menge Wasser und 1 Prise Salz in einem Topf bei hoher Temperatur aufkochen. Dann die Temperatur reduzieren und die Quinoa 15 Minuten köcheln lassen. Danach mit einer Gabel auflockern und 5 Minuten ausdampfen lassen. Zuletzt die Quinoa mit dem Essig, 2 EL Traubenkernöl und Salz würzen und abschmecken.

Ein Pesto zubereiten. Dazu die Mandeln mit 1 Prise Salz in einen Blitzhacker geben und zerkleinern. Die Cranberrymischung zugeben und häckseln. Mit Salz und den Chiliflocken abschmecken. Ist das Pesto zu fest, einfach etwas Wasser untermixen.

Den Spargel waschen, trockentupfen und eventuell trockene Enden abschneiden. Das Olivenöl in einer Pfanne erhitzen und den Spargel mit 1 Prise Salz darin kurz scharf anbraten.

Die Quinoa auf Teller verteilen. Spargel und Pesto darauf anrichten und mit dem Orangenabrieb sowie Chiliflocken nach Geschmack bestreut servieren.

Für 2 Personen
Zubereitungszeit 40 Minuten

Butternuss-Kürbis | Feldsalat | Schwarzer Knoblauch

Salatbasis
600 g Butternuss-Kürbis
2 EL Bratöl
1 Prise Salz
½ TL gemahlener Kreuzkümmel
½ TL Paprikapulver
80 g Feldsalat
40 g Portulak

Dressing
1 Prise Salz
1 EL Apfelessig
1 TL Orangensenf
4 EL Sonnenblumenöl
1 TL flüssiger Honig
1 TL Tomatenmark
3 Zehen schwarzer Knoblauch

Topping
2 EL Kürbiskerne

Den Backofen auf 180 °C Ober-/Unterhitze vorheizen.

Für die Salatbasis den Kürbis schälen, halbieren und die Kerne mit einem Löffel entfernen. Das Fruchtfleisch in etwa 2 × 2 cm große Würfel schneiden. In einer Schüssel Bratöl, Salz, Kreuzkümmel und Paprikapulver mischen. Die Kürbiswürfel hinzufügen, alles gut durchrühren und mit dem Würzöl überziehen. Die Kürbiswürfel auf ein mit Backpapier belegtes Blech geben und im vorgeheizten Ofen 20–25 Minuten garen. Anschließend abkühlen lassen.

Den Feldsalat und Portulak verlesen, waschen und trockentupfen.

Für das Dressing das Salz im Apfelessig auflösen. Mit Orangensenf, Sonnenblumenöl, Honig und Tomatenmark zu einem Dressing mischen. Die Knoblauchzehen klein hacken und zugeben.

Für das Topping die Kürbiskerne in einer Pfanne ohne Fettzugabe kurz anrösten. Dann abkühlen lassen und grob hacken.

Kürbis, Feldsalat und Portulak in eine Schüssel geben und mit dem Dressing überziehen. Mit den Kürbiskernen bestreut servieren.

Für 2 Personen
Zubereitungszeit 45 Minuten
Ziehzeit 30 Minuten

Lila Kartoffel | Wachtelei | Blutampfer

Salatbasis
500 g lila Kartoffeln
Salz
1 Lorbeerblatt
½ TL Kümmelsamen
½ Bund Blutampfer

Dressing
1 rote Zwiebel
Salz
1 EL Bratöl
2 EL Weißweinessig
4 EL Leindotteröl
150–200 ml Gemüsebrühe
1 TL Dijonsenf
frisch gemahlener schwarzer Pfeffer

Topping
2 EL Kürbiskerne
10 Wachteleier
Meersalzflocken (optional)

Für die Salatbasis die lila Kartoffeln gründlich waschen, in einen großen Topf geben und mit Wasser bedecken. 1 Prise Salz, Lorbeerblatt sowie Kümmelsamen hinzufügen und abgedeckt bei hoher Temperatur zum Kochen bringen. Danach die Temperatur reduzieren und die Kartoffeln etwa 20–25 Minuten köcheln lassen. Die Kartoffeln sollten nach dem Kochen gar, aber noch fest sein. Dann abgießen und beiseitestellen.

Für das Dressing die Zwiebel abziehen, würfeln und mit 1 Prise Salz mischen. Eine Pfanne erhitzen, das Bratöl hineingeben und die Zwiebelwürfel darin bei niedriger bis mittlerer Temperatur glasig anschwitzen.

In einer kleinen Schüssel 2 Prisen Salz im Weißweinessig auflösen. Das Leindotteröl und 150 ml Brühe zugeben und vermengen. Den Dijonsenf unterrühren, bis eine homogene Mischung entsteht. Die Zwiebel zugeben und das Dressing mit Salz und Pfeffer abschmecken.

Die noch warmen Kartoffeln pellen, in Scheiben schneiden und in eine große Schüssel geben. Das Dressing über die Kartoffeln gießen und vorsichtig vermengen, bis die

Kartoffeln gut damit überzogen sind. Nach Bedarf mehr Brühe zugeben. Den Kartoffelsalat mindestens 30 Minuten durchziehen lassen, damit sich die Aromen gut entfalten.

Den Blutampfer waschen, trockentupfen und größere Blätter grob zerkleinern. Kleinere Blätter ganz lassen und für die Garnitur beiseitestellen.

Für das Topping die Kürbiskerne in einer Pfanne ohne Fettzugabe goldbraun rösten. Anschließend abkühlen lassen und grob hacken.

Wasser in einem kleinen Topf zum Kochen bringen. Mit einer Schaumkelle die Wachteleier in den Topf geben und 2–3 Minuten kochen. Herausnehmen und sofort kalt abschrecken. Jedes Ei rundherum vorsichtig auf die Arbeitsfläche klopfen, damit die Schale bricht. Dann vom stumpfen Ende her die Haut mit Schale abziehen. Die gepellten Eier beiseitestellen.

Vor dem Servieren den Kartoffelsalat nochmals durchmischen, nach Bedarf etwas Brühe zugeben und mit Salz und Pfeffer abschmecken. Den Blutampfer unterheben.

Den Salat auf zwei Teller verteilen. Jeweils fünf halbierte Wachteleier daraufsetzen. Mit den beiseitegestellten Blutampferblättchen garnieren und mit gerösteten Kürbiskernen bestreut servieren. Nach Belieben mit einigen Meersalzflocken verfeinern und sofort genießen.

Radieschen | Dicke Bohne | Zitrone | Quinoa

Für 2 Personen
Zubereitungszeit 45 Minuten

Salat
70 g Quinoa
Salz
170 g Dicke Bohnen (TK)
½ unbehandelte Zitrone
70 g Radieschen
1 Avocado
20 g Sprossen (siehe Seite 29)

Dressing
½ EL Apfelessig
Salz
½ Knoblauchzehe
1 TL flüssiger Honig
2 EL Leindotteröl
1 ½ EL natives Olivenöl
½ TL gemahlener Kreuzkümmel

Außerdem
2 Prisen Chiliflocken

Für den Salat die Quinoa waschen und mit der doppelten Menge Wasser und 1 guten Prise Salz bei hoher Temperatur aufkochen. Danach die Temperatur reduzieren und die Quinoa 15 Minuten köcheln lassen. Anschließend den Deckel abnehmen und die Quinoa 5–10 Minuten ausdampfen lassen.

Die Dicken Bohnen nach Packungsanleitung zubereiten und nach dem Garen aus der dünnen Haut drücken.

Die Zitrone heiß waschen und trockenreiben, die Schale fein abreiben und beiseitestellen. Zum Filetieren den Blüten- und Stielansatz abschneiden und die weiße Innenhaut ringsum von oben nach unten so abschneiden, dass davon nichts mehr am Fruchtfleisch bleibt. Die Frucht in die Hand nehmen und die Filets mit dem Messer vorsichtig entlang der Trennwände herauslösen, eventuell vorhandene Kerne entfernen und die Filets in eine Schüssel geben. Den Rest der Frucht ausdrücken und den Saft auffangen.

Die Radieschen waschen und je nach Größe halbieren oder vierteln. Die Avocado halbieren und den Kern entfernen. Das Fruchtfleisch aus der Schale lösen, in Scheiben schneiden und mit dem Kern beiseitestellen; dieser verhindert, dass die Frucht braun wird. Die Sprossen in Essigwasser desinfizieren (siehe Seite 27).

Für das Dressing den aufgefangenen Zitronensaft, den Essig sowie 1 Prise Salz in eine Schüssel geben und mit einem Schneebesen gut mischen, bis das Salz aufgelöst ist. Den Knoblauch abziehen, fein hacken und mit den restlichen Zutaten für das Dressing hinzufügen. Alles gut verrühren.

In einer Schale Quinoa, Bohnen, Zitronenfilets und -abrieb, Radieschen, Avocado und Sprossen vorsichtig mit dem Dressing vermengen und auf einer großen Platte oder zwei Tellern anrichten. Mit Chiliflocken bestreuen und servieren.

Für 2 Personen
Zubereitungszeit 45 Minuten

Spitzkohl | Bulgur | Aprikose

Bulgursalat
80 g Bulgur
Salz
2 EL Zitronenessig (siehe Seite 21)
2 EL Zitronenöl
½ TL fruchtiges Currypulver
50 g getrocknete Aprikosen
frisch gemahlener schwarzer Pfeffer

Ofen-Spitzkohl
500 g Spitzkohl
1 EL süßer Senf
½ TL Paprikapulver
1 EL Zitronenessig (siehe Seite 21)
2 EL Olivenöl
Salz
frisch gemahlener schwarzer Pfeffer

Zitronenjoghurt
1 unbehandelte Zitrone
150 g Naturjoghurt (mind. 3,5 % Fettgehalt)
1 EL Olivenöl
1 Prise Salz

Topping
2 EL Haselnusskerne, geröstet (siehe Seite 35)

Für den Bulgursalat den Bulgur mit 1 Prise Salz und der doppelten Menge Wasser in einen Topf geben und bei hoher Temperatur aufkochen. Dann die Temperatur reduzieren und den Bulgur 20 Minuten köcheln lassen. Inzwischen den Backofen auf 200 °C Ober-/Unterhitze vorheizen.

Ein Dressing für den Bulgursalat zubereiten. Dazu in einer kleinen Schüssel 1 Prise Salz im Zitronenessig auflösen und mit dem Zitronenöl und Currypulver vermischen. Die getrockneten Aprikosen in kleine Stückchen schneiden und zugeben. Mit 3 Prisen Pfeffer abschmecken und beiseitestellen.

Für den Ofen-Spitzkohl den Kohl waschen, trockentupfen und je nach Größe vierteln oder sechsteln. Den süßen Senf, das Paprikapulver, den Zitronenessig, das Olivenöl, 2 Prisen Salz und 4 Prisen Pfeffer zu einer Marinade mischen. Die Spitzkohlstücke damit rundherum einstreichen, auf ein mit Backpapier belegtes Blech legen und im vorgeheizten Ofen etwa 15 Minuten rösten.

Für den Zitronenjoghurt die Zitrone waschen, trockenreiben und die Schale abreiben. ½ Zitrone auspressen. Den Naturjoghurt mit der Hälfte des Zitronenabriebs (die andere beiseitestellen), dem -saft, dem Olivenöl und dem Salz verrühren. Bis zum Servieren kühl stellen.

Für das Topping die gerösteten Haselnüsse grob hacken. Den Bulgur mit einer Gabel auflockern und mit dem Dressing und dem beiseitegestellten Zitronenabrieb vermischen.

Bulgur und Spitzkohl auf zwei Tellern anrichten. Mit den Haselnüssen bestreuen und zusammen mit dem Zitronenjoghurt servieren.

Delicata-Kürbis | Linse | Grünkohl

Für 2 Personen
Zubereitungszeit 60 Minuten

Grünkohlchips
80 g Grünkohl (ca. 2 Stängel)
1 EL Bratöl
2 Prisen geräuchertes Paprikapulver (z. B. Pimentón de la Vera)
Salz

Linsen
80 g Belugalinsen

Kürbis
1 Delicata-Kürbis (400–500 g)
2 kleine rote Zwiebeln
1 EL Bratöl
½ TL geröstetes Currypulver
Salz

Dressing
1 EL Apfel-Quitten-Balsamessig
1 Prise Salz
1 TL flüssiger Honig
2 EL Leindotteröl

Den Backofen auf 120 °C Umluft vorheizen.

Für die Grünkohlchips den Grünkohl gut waschen und trockentupfen. Die Blätter von den Stängeln in mundgerechte Stücke zupfen. In einer Schüssel das Bratöl mit Paprikapulver und 1 Prise Salz mischen. Den Grünkohl zugeben und gut durchmischen. Die Blätter sollen gleichmäßig mit dem Würzöl überzogen sein. Gleichmäßig auf einem mit Backpapier ausgelegten Blech verteilen, sodass die Blätter sich nicht überlappen. Im vorgeheizten Ofen in etwa 20–30 Minuten knusprig backen, dabei regelmäßig kontrollieren, zwischen knusprig und verbrannt liegt nur ein Augenblick. Die fertigen Chips aus dem Ofen nehmen und beiseitestellen.

Im Anschluss die Ofentemperatur auf 180 °C Ober-/Unterhitze einstellen.

Für die Linsen die Belugalinsen mit 200 ml Wasser in einen Topf geben, aufkochen und bei niedriger bis mittlerer Temperatur 30–35 Minuten garen. Die Linsen sollten noch Biss haben.

Für den Kürbis den Delicata waschen, trockentupfen und halbieren. Mit einem Löffel die Kerne entfernen. Die Hälften quer in etwa 2 cm dicke Scheiben schneiden. Die Zwiebeln abziehen und vierteln. Die Kürbisstücke und Zwiebeln mit dem Bratöl, dem Currypulver und 2 Prisen Salz mischen. Auf ein mit Backpapier belegtes Blech geben und im vorgeheizten Ofen in etwa 20 Minuten bissfest rösten.

Für das Dressing alle Zutaten verquirlen. Die bissfest gegarten Linsen mit dem Dressing vermischen.

Jeweils die Hälfte der Kürbisstücke-Zwiebel-Mischung und der Linsen auf zwei Tellern anrichten. Mit den Grünkohlchips toppen und servieren.

Für 2 Personen
Zubereitungszeit 30 Minuten
Ziehzeit 30 Minuten

Bohne | Paprika | Walnuss

Salatbasis
350 g gekochte bunte oder schwarze Riesenbohnen (aus der Dose/Glas oder selbst gegart)
1 rote Zwiebel
Salz
1 rote Paprika
2 EL Bratöl
1 Tomate
1 Stange Sellerie
½ Bund glatte Petersilie

Dressing
2 Prisen Salz
2 EL Apfelessig
2 EL Walnussöl
3 EL Olivenöl
½ TL gemahlener Kreuzkümmel
4 Prisen Piment d'Espelette

Außerdem
20 g Walnusskerne, geröstet (siehe Seite 35)

Für die Salatbasis die Riesenbohnen abgießen, abspülen und in eine Schüssel füllen. Die Zwiebel abziehen und in feine Würfel schneiden. In einer Schale mit 1 Prise Salz mischen und beiseitestellen. Die Paprika waschen und trockentupfen. Je nach Größe halbieren oder vierteln, das Kerngehäuse entfernen und die Paprika in Streifen schneiden.

Eine Pfanne erhitzen. 1 EL Bratöl hineingeben und die Zwiebelwürfel darin bei niedriger bis mittlerer Temperatur glasig anschwitzen. Die Zwiebelwürfel aus der Pfanne nehmen und die Temperatur erhöhen. Das restliche Bratöl erhitzen und die Paprikastreifen darin anbraten, bis sie schön gebräunt sind.

Für das Dressing in einer kleinen Schüssel das Salz im Essig auflösen. Die Öle und Gewürze hinzufügen und gut verquirlen.

Die Zwiebelwürfel, die Paprikastreifen und das Dressing in die Schüssel mit den Bohnen geben. Vorsichtig mischen. Abgedeckt im Kühlschrank mindestens 30 Minuten durchziehen lassen, damit sich die Aromen entfalten können.

Kurz vor dem Servieren die Tomate, den Stangensellerie sowie die Petersilie waschen und trockentupfen. Die Tomate in kleine Würfel, den Sellerie in dünne Scheiben schneiden. Die Petersilie samt Stielen hacken. Alles zu den Bohnen in die Schüssel geben und unterheben.

Die Walnüsse grob hacken und den Salat damit bestreut servieren.

Dazu passt jeweils 1 Scheibe Sauerteigbrot.

Kartoffel | Stangenbohne | Erbse | Pfifferling

Kartoffelcreme
500 g Kartoffeln
$\frac{1}{4}$ TL Salz
1 unbehandelte Zitrone
120 g saure Sahne
1 Prise frisch gemahlene Muskatnuss

Bohnen-Erbsen-Salat mit Pfifferlingen
200 g Stangenbohnen
Salz
100 g Erbsen
4 EL Olivenöl
2 Schalotten
20 g Butter
4 Zweige Thymian
200 g Pfifferlinge

Außerdem
frisch gemahlener schwarzer Pfeffer

Für 2 Personen
Zubereitungszeit 45 Minuten

Für die Kartoffelcreme die Kartoffeln waschen, trockentupfen, schälen und in etwa 2,5 cm große Stücke schneiden. Mit dem Salz in einen Topf geben und gerade so mit Wasser bedecken. Einmal bei hoher Temperatur aufkochen, dann die Temperatur reduzieren und die Kartoffeln bei niedriger bis mittlerer Temperatur in etwa 20 Minuten weich garen. Sind die Stücke schön weich, die Kartoffeln abgießen und das Wasser dabei auffangen. Die Stücke wieder in den Topf geben und etwas abkühlen lassen. Dann mit einem Kartoffelstampfer, einer Presse oder einer Gabel fein zerdrücken.

Die Zitrone waschen, trockenreiben und die Schale abreiben. Die Frucht halbieren, den Saft einer Hälfte auspressen und für das Dressing beiseitestellen. Den Zitronenabrieb und die saure Sahne zu den Kartoffeln geben und mit Muskat würzen. Etwas vom aufgefangenen Kartoffelkochwasser zugeben und alles zu einer feinen Creme verrühren.

Für den Bohnen-Erbsen-Salat die Stangenbohnen waschen, trockentupfen, jeweils die beiden Enden abschneiden und die Bohnen in vier bis fünf Stücke teilen. Bohnen und Erbsen in kochendem Salzwasser (½ EL Salz) in 6–8 Minuten bissfest garen.

Für das Dressing 2 EL Zitronensaft, 1 Prise Salz und das Olivenöl mischen.

Die Schalotten abziehen und in feine Würfel schneiden. Die Hälfte der Butter in einer Pfanne zerlassen und die Schalotten mit 1 Prise Salz darin bei niedriger bis mittlerer Temperatur glasig anschwitzen. Die Schalotten zum Dressing geben.

Den Thymian waschen, trockentupfen und die Blättchen abzupfen. Die Pfifferlinge mit einem Tuch oder Pinsel säubern. Große Pilze halbieren oder vierteln, kleine ganz lassen. Die restliche Butter in dieselbe Pfanne geben, erhitzen und die Pilze darin rundherum anbraten. Gegen Ende der Bratzeit den Thymian zugeben und kurz mitbraten.

Die Bohnen, Erbsen und Pfifferlinge mit dem Dressing zu einem Salat mischen.

Die Kartoffelcreme auf zwei Teller streichen und den Salat darauf anrichten. Mit jeweils 2 Prisen Pfeffer würzen und servieren.

Für 2 Personen
Zubereitungszeit 20 Minuten
Ziehzeit 20 Minuten

Rosenkohl | Grünkohl | Gorgonzola

Salatbasis
1/2 TL Salz
100 g violetter Grünkohl
Eiswürfel für Eiswasser
100 g Rosenkohl
1/2 Bund Kräuter (z. B. Dill, Petersilie, Minze, Schnittlauch)

Dressing
1/2 Knoblauchzehe
25 g Mandelmus
1 1/2 TL Dijonsenf
1 TL flüssiger Honig
2 EL Schwarze-Johannisbeer-Balsamessig
4 Prisen Zitronenpfeffer
2 Prisen Salz

Topping
2 EL Sonnenblumenkerne
60 g Gorgonzola dolce

Für die Salatbasis ausreichend Wasser mit dem Salz zum Kochen bringen. Den Grünkohl gut waschen und trockentupfen. Die Blätter von den Stängeln und in mundgerechte Stücke zupfen. Den Grünkohl im Salzwasser etwa 4 Minuten blanchieren. Danach abgießen und in eine Schüssel mit Eiswasser geben.

Den Rosenkohl waschen, die äußeren Blätter entfernen und den Strunk abschneiden. Die Kohlköpfchen in dünne Scheiben schneiden.

Für das Dressing den Knoblauch abziehen und fein hacken. In einer Salatschüssel mit Mandelmus, Senf, Honig, Essig, Zitronenpfeffer und dem Salz zu einem cremigen Dressing verquirlen. Ist es etwas zu dick, ein bisschen Wasser unterrühren.

Grünkohl und Rosenkohl unterheben und gut durchmischen, bis alles mit dem Dressing überzogen ist. Den Kohlsalat abdecken und etwa 20 Minuten durchziehen lassen. Inzwischen die Kräuter waschen, trockenschleudern und fein hacken.

Für das Topping die Sonnenblumenkerne in einer Pfanne ohne Fettzugabe anrösten, bis sie zu duften beginnen. In ein Schälchen umfüllen und beiseitestellen.

Die Kräuter zum Kohlsalat geben, noch einmal durchmischen und auf zwei Tellern anrichten. Den Gorgonzola in kleine Stückchen schneiden und auf dem Salat verteilen. Alles mit den Sonnenblumenkernen bestreuen und servieren.

Dazu passt frisches Baguette oder Sauerteigbrot.

Schwarzwurzel | Topinambur | Radicchio

Schwarzwurzeln
½ Zitrone
500 g Schwarzwurzeln
1 rote Zwiebel
2 EL Bratöl
2 Prisen Salz
2 Prisen Zucker

Dressing
90 g Topinambur
Salz
1 unbehandelte Orange
2 cm Ingwerwurzel
1 EL Rote-Johannisbeer-Balsamessig
3 EL Leindotteröl
2 TL Miso-Paste

Radicchiosalat
200 g Radicchio
½ TL Koriandersaat
1 EL Olivenöl
Salz
2 EL Rote-Johannisbeer-Balsamessig

Außerdem
2 Prisen Chiliflocken

Für 2 Personen
Zubereitungszeit 25 Minuten

Den Backofen auf 200 °C Ober-/Unterhitze vorheizen.

Für die Schwarzwurzeln die Zitrone auspressen und den Saft mit etwa 1 l Wasser in einer Schüssel mischen. Die Schwarzwurzeln schälen, in Stücke schneiden und sofort in das Zitronenwasser geben. Dabei am besten Küchenhandschuhe tragen. Die Zwiebel abziehen und in Ringe schneiden. In einer großen Schüssel das Öl mit dem Salz und dem Zucker mischen. Die Schwarzwurzeln abgießen, trockentupfen und mit der Zwiebel zum Ölgemisch geben. Alles gut durchmischen und auf einem mit Backpapier belegten Blech verteilen. Im heißen Ofen in etwa 40 Minuten bissfest garen, dabei ab und zu durchmischen.

Für das Dressing die Topinamburwurzel waschen, trockentupfen und schälen. In kleine Würfel schneiden und in einer Pfanne mit 1 Prise Salz und 4 EL Wasser weich garen. In einen hohen Becher umfüllen.

Die Orange heiß waschen, trockenreiben und die Schale mit einem Zestenreißer abnehmen, alternativ mit einem Sparschäler abziehen und in dünne Streifen schneiden. Bis zum Servieren beiseitestellen.

Den Saft der Orange auspressen. Die Ingwerschale mit einem kleinen Löffel abschaben und den Ingwer fein reiben. Mit 3 EL Orangensaft, dem Essig, dem Leindotteröl und dem Miso zum Topinambur geben. Alles zu einem cremigen Dressing pürieren. Ist es zu dick, etwas mehr Orangensaft zugeben.

Für den Radicchiosalat den Radicchio waschen, trockentupfen und in etwa 1,5–2 cm dicke Scheiben schneiden. Die Koriandersaat im Mörser zerstoßen. Eine Pfanne erhitzen, das Olivenöl hineingeben und erwärmen. Die Koriandersaat darin kurz rösten. Dann den Radicchio mit 1 Prise Salz in die Pfanne geben und von beiden Seiten kurz anbraten. Mit dem Essig ablöschen und 2–3 Minuten köcheln lassen.

Den Salat auf einer Platte anrichten. Die Schwarzwurzel-Zwiebel-Mischung darauf verteilen und das Dressing darüberträufeln. Alles mit den Orangenzesten und Chiliflocken bestreut servieren.

Obst-Stars

In diesem Kapitel entstehen Salatkreationen rund um die feinen, süßen Aromen von Kaki, Birne, Apfel oder Melone. Tauche ein in diese Welt voller Frische und genieße die harmonische Verbindung von Obst mit anderen ausgewählten Zutaten.

Honigmelone | Himbeere | Sauerampfer

Rosa-Beeren-Labneh
1 TL Rosa Beeren
1 unbehandelte Limette
½ Rezeptmenge Labneh (siehe Seite 32)
Salz

Dressing
1 Prise Salz
1 EL Himbeeressig
½ TL Orangensenf
1 TL flüssiger Honig
4 EL Rapsöl

Außerdem
½ Honigmelone
150 g Himbeeren
40 g Sauerampfer
2 EL Pistazienkerne
Kugelausstecher (2 cm Durchmesser; optional), Spritzbeutel mit kleiner Lochtülle (optional)

Für 2 Personen
Zubereitungszeit 20 Minuten
Abtropfzeit mind. über Nacht (Labneh)

Für das Rosa-Beeren-Labneh die Beeren im Mörser zerstoßen. Die Limette heiß waschen und trockenreiben. Die Schale fein abreiben und den Saft auspressen. Labneh mit Rosa Beeren, Limettenabrieb und -saft sowie 1 Prise Salz gut verrühren. Abdecken und beiseitestellen.

Für das Dressing das Salz im Himbeeressig auflösen. Orangensenf, Honig und Rapsöl hinzufügen und zu einem glatten Dressing verrühren.

Die Kerne der Melone entfernen. Das Fruchtfleisch mit dem Kugelausstecher herausschneiden oder mit einem Messer in Würfel schneiden. Die Himbeeren verlesen, vorsichtig waschen und trockentupfen.

Den Sauerampfer waschen und trockentupfen.

Die Pistazienkerne in einer Pfanne ohne Fettzugabe kurz anrösten und anschließend grob hacken.

Melonenkugeln bzw. -würfel, Himbeeren sowie Sauerampfer auf zwei Tellern anrichten und das Labneh in einen Spritzbeutel mit kleiner Lochtülle füllen und kleine Tupfen auf den Teller setzten. Alternativ das Labneh mit einem Löffel auf die Teller streichen und den Salat darauf anrichten. Mit dem Dressing beträufeln und den Pistazienkernen bestreut servieren.

Dazu passen Brotchips (siehe Seite 36) oder frisches Baguette.

Tipp
Labneh 2 Tage im Voraus zubereiten. Am 1. Tag abtropfen lassen und am 2. Tag wie oben beschrieben würzen, in ein Schraubglas füllen und in den Kühlschrank stellen. So haben die Aromen Zeit, schön durchzuziehen. Übriges Labneh schmeckt auch ganz toll als Brotaufstrich.

Wem es zu aufwendig ist, Labneh selbst herzustellen, nimmt stattdessen einfach Frischkäse oder Ricotta.

Für 2 Personen
Zubereitungszeit 35 Minuten

Ananas | Kokos | Reis

Reissalat
125 g Jasminreis
Salz
20 g Kokoschips
½–1 rote Chilischote
15 g frische Minze
15 g frischer Koriander
1 unbehandelte Limette

Gebratene Ananas
1 Ananas
2 EL Bratöl

Dressing
1 TL Palmzucker
1 EL Erdnussmus
1 EL helle Sojasauce
2 EL natives Erdnussöl

Topping
40 g ungesalzene geröstete Erdnusskerne
4 EL Mungbohnensprossen
Chilifäden zum Servieren

Für den Reissalat den Reis mit 1 Prise Salz nach Packungsanleitung garen. Dann den Deckel abnehmen, den Reis mit einer Gabel auflockern und kurz ausdampfen lassen.

Die Kokoschips in einer Pfanne ohne Fettzugabe anrösten, bis sie leicht gebräunt und knusprig sind. Die Chilischote waschen und fein hacken. Minze und Koriander waschen und trockentupfen. Zwei Stängel Koriander für die Garnitur beiseitestellen. Vom restlichen Koriander und der Minze die Blätter abzupfen und fein hacken. Die Limette heiß waschen, trockenreiben, die Schale abreiben und den Saft auspressen. Je die Hälfte des Safts und des Abriebs für das Dressing beiseitestellen. Je die andere Hälfte des Safts und des Abriebs sowie die Kräuter, die Chilischote und die Kokoschips unter den Reis heben.

Für die gebratene Ananas die Frucht schälen, vierteln und jeweils den Strunk herausschneiden. Die Viertel quer in etwa 1,5–2 cm dicke Scheiben schneiden. Eine Pfanne erhitzen, jeweils etwas Öl hineingeben und die Ananasscheiben darin portionsweise anbraten, bis sie schön gebräunt sind.

Für das Dressing 2 EL Wasser mit dem beiseitegestellten Limettensaft und -abrieb, Palmzucker, Erdnussmus, Sojasauce und Erdnussöl glatt rühren. Je nach Konsistenz etwas mehr Wasser hinzufügen.

Für das Topping die Erdnüsse grob hacken. Die Mungbohnensprossen waschen und trockentupfen.

Den Reissalat mit der gebratenen Ananas auf zwei Tellern anrichten. Jeweils mit Mungbohnensprossen, ein paar Chilifäden, einem Korianderstängel sowie gehackten Erdnüssen garnieren und mit dem Dressing servieren.

Für 2 Personen
Zubereitungszeit 35 Minuten

Apfel | Fenchel | Grapefruit

1 Knolle Fenchel
1 EL Erdnussöl
½ TL Fenchelsamen
Salz
1 unbehandelte Grapefruit
1 TL milder Senf
1 EL flüssiger Honig
2 EL Olivenöl
2 EL Traubenkernöl
frisch gemahlener schwarzer Pfeffer
1 Apfel
1 EL geschälte Hanfsamen

Den Fenchel waschen, halbieren und quer in Streifen schneiden. Das Fenchelgrün für die Garnitur aufbewahren.

Eine Pfanne erhitzen und das Erdnussöl hineingeben. Die Fenchelsamen im Mörser zerstoßen und dann kurz im Öl rösten. Anschließend den Fenchel mit 1 Prise Salz zugeben und braten, bis er leicht gebräunt, aber noch bissfest ist, dabei zwischendurch wenden.

Die Grapefruit heiß waschen und trockenreiben, die Schale fein abreiben und beiseitestellen. Zum Filetieren den Blüten- und Stielansatz abschneiden und die weiße Innenhaut ringsum von oben nach unten so abschneiden, dass nichts davon am Fruchtfleisch bleibt. Die Frucht in die Hand nehmen und die Filets mit dem Messer vorsichtig entlang der Trennwände herauslösen, eventuell vorhandene Kerne entfernen und die Filets in eine Schüssel geben. Den Rest der Frucht ausdrücken und den Saft auffangen.

Ein Dressing zubereiten. Dazu 1 Prise Salz im Grapefruitsaft auflösen. Den Senf, Honig und die Öle hinzufügen und glatt rühren. Das Dressing mit Salz und Pfeffer abschmecken.

Den Apfel waschen, trockentupfen und in Stifte hobeln.
Mit dem Fenchel und den Grapefruitfilets vorsichtig unter das Dressing heben.

Den Salat auf zwei Tellern anrichten. Mit den Hanfsamen, dem Fenchelgrün und dem Grapefruitabrieb bestreut servieren.

Birne | Castelfranco | Roter Reis

Gewürzbirne
1 cm Ingwerwurzel
2 EL Weißweinessig
¼ TL schwarze Pfefferkörner
¼ TL Anissaat
1 EL Rohrohrzucker
1 Prise Salz
2 reife feste Birnen

Salatbasis
100 g roter Reis
Salz
200 g Pastinaken
2 EL natives Olivenöl extra
½ EL flüssiger Honig
2 TL dunkle Miso-Paste
1 EL grober Senf
½ EL Birnenessig plus mehr zum Abschmecken

Außerdem
½ EL Rosa Beeren
1 kleiner Kopf Castelfranco-Salat (alternativ Radicchio rosso)
40 g Blauschimmelkäse
Kugelausstecher (2 cm Durchmesser; optional)

Für 2 Personen
Zubereitungszeit 45 Minuten

Für die Gewürzbirne die Ingwerschale mit einem kleinen Löffel abschaben und den Ingwer in dünne Scheiben schneiden.

Einen Sud für die Gewürzbirne zubereiten. Dazu Weißweinessig, Pfefferkörner, Anis, Ingwerscheiben, Zucker und das Salz in einen Topf geben und bei hoher Temperatur aufkochen. Zwischenzeitlich die Birnen schälen, halbieren und mit einem Kugelausstecher oder Teelöffel das Kerngehäuse entfernen. Die Birnenhälften in den Sud legen und die Temperatur reduzieren. Die Früchte etwa 10 Minuten köcheln lassen, bis sie weich sind. Dann den Topf vom Herd nehmen und die Birnen abgedeckt durchziehen lassen.

Für die Salatbasis 250 ml Wasser mit 1 Prise Salz und dem Reis in einem Topf bei hoher Temperatur abgedeckt zum Kochen bringen. Anschließend die Temperatur reduzieren und den Reis 35–40 Minuten garen.

Inzwischen den Backofen auf 170 °C Umluft vorheizen.

In der Zwischenzeit die Pastinaken waschen, schälen (die Schalenstreifen aufbewahren) und in etwa 1 × 1 cm große Würfel schneiden. Diese mit ½ EL Öl mischen, ebenso die Schalenstreifen. Beides getrennt voneinander auf einem Backblech verteilen und im heißen Ofen 10–15 Minuten rösten. Die Schalen sind schneller knusprig und verbrennen leicht, deshalb unter Sichtkontrolle rösten und rechtzeitig aus dem Ofen nehmen.

Honig, Miso und Senf gut glatt rühren. Nach 15 Minuten im Ofen ½ EL der Miso-Mischung zu den Pastinakenwürfeln geben und durchrühren. Das Blech zurück in den Ofen geben und die Würfel 5–10 Minuten weiterbacken, bis sie goldbraun und knusprig sind.

Die restliche Miso-Mischung mit dem Essig und 1 EL Olivenöl mischen und unter den fertigen Reis mischen. Nach Geschmack mit mehr Essig abschmecken.

Die Rosa Beeren im Mörser zerstoßen. Vom Salat die Blätter abzupfen, waschen und trockenschleudern.

Die Salatblätter auf zwei Teller verteilen. Reis, Pastinakenwürfel und je zwei Birnenhälften darauf anrichten. Den Käse darüberbröseln, mit Pastinakenschalen-Chips sowie Rosa Beeren garnieren und servieren.

Pfirsich | Labneh | Quinoa

Salat
150 g Quinoa
Salz
25 g Mandelkerne
½ Bund Thymian
1 unbehandelte Limette
1 Rezept Labneh (siehe Seite 32)
2 EL Mandelöl
3 EL natives Olivenöl extra
1 TL Ahornsirup
2 TL fruchtiges Currypulver
1 TL Chiliflocken
3 reife Pfirsiche

Tipp
Wer keine Zeit hat, das Labneh selbst herzustellen, kann stattdessen naturbelassenen Frischkäse verwenden.

Für 2 Personen
Zubereitungszeit 30 Minuten

Die Quinoa waschen und mit der doppelten Menge Wasser und 1 guten Prise Salz bei hoher Temperatur aufkochen. Dann die Temperatur reduzieren und die Quinoa 15 Minuten köcheln lassen. Zuletzt den Deckel abnehmen und die Quinoa 5–10 Minuten ausdampfen lassen.

Die Mandelkerne in einer Pfanne ohne Fettzugabe anrösten. Im Anschluss grob hacken und beiseitestellen.

Während die Mandeln rösten, den Thymian waschen, trockentupfen und die Blättchen abzupfen. Die Limette waschen, trockenreiben, die Schale fein abreiben und den Saft auspressen. Das Labneh aus dem Tuch nehmen und in eine Schüssel geben. Mit der Hälfte der Thymianblättchen, dem Limettenabrieb, 1 EL Limettensaft und 1 Prise Salz vermischen und bis zur Verwendung kühl stellen.

Ein Dressing zubereiten. Dazu in einer kleinen Schüssel 1 Prise Salz mit einem Schneebesen im restlichen Limettensaft auflösen. Die Öle, den Ahornsirup, das Currypulver sowie die Chiliflocken hinzufügen und gut mischen.

Die Quinoa mit dem Dressing, der Hälfte der Mandeln sowie den restlichen Thymianblättchen vermischen und mindestens 30 Minuten durchziehen lassen.

Kurz vor dem Servieren die Pfirsiche waschen, trockentupfen und halbieren. Eine Grillpfanne erhitzen und die Früchte darin auf den Schnittflächen anbraten, wenden und von der anderen Seite noch ein paar Minuten erwärmen.

Währenddessen je eine Portion Labneh auf zwei Teller streichen. Den Quinoasalat daneben anrichten, die gegrillten Pfirsiche dazulegen, mit den restlichen Mandeln bestreuen und alles sofort servieren.

Für 2 Personen
Zubereitungszeit 30 Minuten

Feige | Ziegenkäse | Mandel

Zutaten
1 kleiner Kopf Radicchio
1/2 Bund Rucola
4 lila Feigen
1 Zweig Rosmarin
1/2 EL Rohrzucker
1/2 EL Bratöl
15 g Mandelblättchen
180 g Ziegenkäse
Salz
1 EL Zitronenessig (siehe Seite 21)
2 EL natives Olivenöl extra
2 EL Rapsöl
frisch gemahlener schwarzer Pfeffer

Tipp
Den Zitronenessig kann man durch weißen Balsam- oder Apfelessig und den Abrieb 1 unbehandelten Zitrone ersetzen.

Radicchio, Rucola, Feigen und Rosmarin waschen und trockentupfen. Den Strunk vom Radicchio entfernen, die Blätter vereinzeln und in Streifen schneiden. Die Rucolablätter je nach Größe im Ganzen verwenden oder ebenfalls klein schneiden. Das obere Ende der Feige abschneiden und die Feigen halbieren. Die Nadeln vom Rosmarinzweig abzupfen und fein hacken. Die Feigenhälften mit Zucker und Rosmarin bestreuen.

Das Bratöl in einer beschichteten Pfanne bei hoher bis mittlerer Temperatur erhitzen und die Feigen darin auf den Schnittseiten anbraten, bis sie schön karamellisiert sind. Dann wenden, die Temperatur reduzieren und auf der anderen Seite ein paar Minuten weiterbraten.

In der Zwischenzeit die Mandelblättchen in einer weiteren Pfanne ohne Fettzugabe rösten, anschließend umfüllen und beiseitestellen. Den Ziegenkäse in Stücke schneiden.

Ein Dressing zubereiten. Dazu mit einem kleinen Schneebesen zuerst 1 Prise Salz im Essig auflösen, dann mit dem Oliven- und Rapsöl zu einer cremigen Emulsion mischen. Zuletzt 2 Prisen Pfeffer unter das Dressing mischen.

Den vorbereiteten Salat mit dem Dressing überziehen und auf zwei Teller verteilen. Den Ziegenkäse und die karamellisierten Feigen daraufsetzen. Mit den Mandelblättchen bestreuen und sofort servieren.

Dazu passt frisches Baguette.

Für 2 Personen
Zubereitungszeit 30 Minuten

Kaki | Trevisano | Ziegenkäse

4 Zweige Thymian
½ unbehandelte Zitrone
250 g Ziegenfrischkäse »natur«
20 g Haselnusskerne, geröstet (siehe Seite 35)
2 Köpfe Radicchio di Treviso
1 EL natives Olivenöl plus etwas mehr zum Servieren
1 EL Balsamessig
½ EL Ahornsirup
1 Kaki
Meersalzflocken zum Bestreuen
frisch gemahlener schwarzer Pfeffer

Den Thymian waschen, trockentupfen und die Blättchen abzupfen. Die Zitrone heiß waschen, trockenreiben und die Schale abreiben. Den Saft auspressen und mit dem Abrieb unter den Ziegenkäse ziehen. Die Haselnusskerne hacken. Aus dem Ziegenkäse Kugeln formen und in den Nusssplittern wälzen.

Den Trevisano waschen und gut trockentupfen. Eine Pfanne erhitzen und das Olivenöl hineingeben. Den Salat darin rundherum anbraten. Mit dem Balsamessig und dem Ahornsirup ablöschen und darin wenden, sodass die Blätter glasiert werden.

Die Kaki waschen und in dünne Scheiben schneiden.

Jeweils die Hälfte der Kakischeiben auf zwei Tellern verteilen. Die Ziegenkäsekugeln und je einen Trevisano darauf anrichten. Mit Meersalzflocken und Pfeffer bestreuen, etwas Olivenöl darüberträufeln und sofort servieren.

Für 2 Personen
Zubereitungszeit 20 Minuten

Wassermelone | Feta | Zitrone

Zutaten
1 unbehandelte Zitrone
Salz
½ EL Holundersirup
2 EL Traubenkernöl
3 EL mildes natives Olivenöl extra
1 kleine Wassermelone
8 Stängel Basilikum
100 g Feta
schwarzer Pfeffer aus der Mühle

Tipps
Wer rohe Zwiebeln mag, kann eine kleine rote Zwiebel abziehen, in dünne Ringe hobeln und mit dem Dressing unter die Wassermelone mischen.

Um den Salat gehaltvoller zu gestalten, können zum Beispiel etwas gekochte Quinoa oder Linsen hinzugefügt werden.

Ein Dressing zubereiten. Dazu die Zitrone heiß waschen, trockenreiben, die Schale abreiben oder mit einem Zestenreißer abziehen. ½ Zitrone auspressen und 2 EL Saft mit 1 Prise Salz mischen, bis dieses aufgelöst ist. Den Holundersirup und die Öle hinzufügen und mit einem Schneebesen gut vermischen. Einen Teil des Zitronenabriebs bzw. der -zesten für die Garnitur beiseitestellen und den Rest zugeben. Das Dressing noch einmal durchmischen.

Die Wassermelone schälen, das Fruchtfleisch in 2–3 cm große Stücke schneiden und mit dem Dressing vermischen. Das Basilikum waschen, trockentupfen und die Blättchen abzupfen.

Den Wassermelonensalat auf zwei Schalen verteilen und den Feta gleichmäßig darüberbröseln. Mit Basilikumblättchen und Zitronenabrieb bzw. -zesten bestreuen. Je 1 Prise Pfeffer darübermahlen und sofort servieren.

Pasta Love

In »Pasta Love« erlebst du Nudelsalate auf Gourmet-Niveau, die mit raffinierten Zutaten und kreativen Kombinationen überraschen. Hier verbindet sich Pasta mit hochwertigen und aromatischen Begleitern zu einem wahren Gaumenschmaus.

Für 2 Personen
Zubereitungszeit 25 Minuten

Ravioli | Blattsalat | Gremolata

Gremolata
2 EL Sonnenblumenkerne
10 g krause Petersilie
½ Knoblauchzehe
½ unbehandelte Zitrone
¼ TL Rosa Beeren
2 Prisen geräucherte Meersalzflocken

Dressing
Salz
3 EL Olivenöl
3 EL Sonnenblumenöl
½ TL Senf
1 TL flüssiger Honig

Salat
6 Blätter Kopfsalat
4 Blätter rosa Radicchio
¼ Bund Rucola
¼ Bund Blutampfer

Ravioli
½ EL Salz
125 g küchenfertige Ravioli mit Ricotta-Spinat-Füllung
20 g Butter

Für die Gremolata die Sonnenblumenkerne in einer Pfanne ohne Fettzugabe anrösten, abkühlen lassen und anschließend fein hacken.

Die Petersilie waschen und trockentupfen. Den Knoblauch abziehen und beides fein hacken. Die Zitrone heiß waschen, trockenreiben und die Schale abreiben. Den Saft auspressen und für das Dressing aufbewahren. Die Rosa Beeren im Mörser zerstoßen und mit Meersalzflocken, Zitronenabrieb, Knoblauch, Petersilie und Sonnenblumenkernen gut vermischen. In ein Schälchen füllen und beiseitestellen.

Für das Dressing 1 Prise Salz im Zitronensaft auflösen. Mit Olivenöl, Sonnenblumenöl, Senf und Honig zu einem geschmeidigen Dressing vermischen.

Für den Salat Kopfsalat, Radicchio, Rucola und Blutampfer waschen und trockenschleudern bzw. -tupfen. Große Blätter in kleinere Stücke zupfen.

Für die Ravioli ausreichend Wasser mit dem Salz in einem Topf zum Kochen bringen. Die Ravioli darin nach Packungsanleitung garen. Die Butter in einer Pfanne schmelzen und die Ravioli darin schwenken und leicht anbraten.

Die Salatmischung mit dem Dressing mischen und auf zwei Teller verteilen. Je die Hälfte der Ravioli daraufsetzen und großzügig mit Gremolata bestreuen. Die restliche Butter aus der Pfanne darüberträufeln und sofort servieren.

Für 2 Personen
Zubereitungszeit 30 Minuten

Gnocchi | Champignon | Rucola

1 Knoblauchzehe
8 Zweige Thymian
6 EL Olivenöl
1 getrocknete Chilischote
150 g braune Champignons
½ TL Fenchelsamen
50 g schwarze Oliven ohne Stein
Salz
250 g küchenfertige Gnocchi
½ Bund Rucola
8 Kirschtomaten
guter Balsamessig zum Beträufeln
Chiliflocken zum Bestreuen (optional)

Die Knoblauchzehe abziehen und in Scheiben schneiden. Den Thymian waschen und gut trockentupfen. Knoblauch, Thymian, 5 EL Olivenöl und die Chilischote in eine kleine Pfanne geben und erhitzen. Die Herdplatte ausschalten und das Würzöl durchziehen lassen.

Die Champignons mit einem Pinsel oder Tuch säubern. Je nach Größe halbieren oder vierteln. Die Fenchelsamen im Mörser zerstoßen. Die Oliven längs halbieren. Eine große Pfanne erhitzen, das restliche Olivenöl (1 EL) hineingeben und die Pilze mit den Fenchelsamen darin braten. Nach ein paar Minuten die Oliven zugeben und weiterbraten.

Ausreichend Salzwasser in einem Topf zum Kochen bringen und die Gnocchi darin nach Packungsanleitung garen. Anschließend mit dem Schaumlöffel herausheben und in die Pfanne zu den Pilzen geben. Die Herdplatte ausschalten.

Rucola und Tomaten waschen und trockentupfen. Den Rucola grob zerkleinern, die Tomaten vierteln und beides mit in die Pfanne geben. Thymian und Chilischote aus dem Würzöl entfernen und dieses samt Knoblauch zum Salat in die Pfanne geben. 1 Prise Salz hinzufügen und alles gut durchmischen.

Den Salat auf zwei Schalen verteilen und mit Balsamessig beträufeln. Wer mag, streut noch einige Chiliflocken darüber. Den Salat servieren.

Spaghetti | Rote Bete | Endivie

300 g Rote Bete
1 Knoblauchzehe
5 Zweige Thymian
3 EL Olivenöl
Salz
½ TL Rohrohrzucker
¼ TL Chiliflocken
2 EL Weißweinessig
150 g Spaghetti
50 g Walnusskerne
4–6 Blätter Endiviensalat
½ unbehandelte Zitrone
Chiliflocken zum Bestreuen

Für 2 Personen
Zubereitungszeit 30 Minuten

Die Rote Bete waschen, trockentupfen und schälen. Die Knollen mit einem Spiralschneider in feine Spiralen hobeln oder alternativ grob raspeln. Den Knoblauch abziehen und fein hacken. Den Thymian waschen, trockentupfen und die Blättchen abzupfen.

Eine Pfanne erhitzen und das Olivenöl hineingeben. Den Knoblauch darin bei niedriger Temperatur anschwitzen. Den Thymian zugeben und die Temperatur erhöhen, die Rote Bete hinzufügen und etwa 2 Minuten braten. Dann 1 Prise Salz, den Zucker und die Chiliflocken untermischen und kurz unter Rühren weiterbraten.

Mit dem Weißweinessig ablöschen. Die Temperatur reduzieren und alles abgedeckt 15–20 Minuten (die Raspel garen etwas schneller) köcheln lassen. Wenn nötig, etwas Wasser zugeben. Die Rote Bete sollte noch Biss haben.

Salzwasser in einem großen Topf zum Kochen bringen und die Spaghetti darin nach Packungsanleitung bissfest garen. Die Walnusskerne in einer Pfanne ohne Fettzugabe kurz anrösten. Anschließend grob hacken.

Den Endiviensalat waschen, trockenschleudern und in feine Streifen schneiden. Die Zitrone heiß waschen, trockenreiben und die Schale fein abreiben (den Saft anderweitig verwenden).

Die Nudeln abgießen, dabei etwas Kochwasser auffangen, und die Spaghetti zur Roten Bete in die Pfanne geben. Die Herdplatte ausschalten. Etwas Kochwasser zugießen, alles gut durchmischen und kurz ziehen lassen. Zuletzt den Endiviensalat unterheben.

Alles auf zwei Teller verteilen. Mit den Walnüssen, dem Zitronenabrieb und einigen Chiliflocken bestreuen und servieren.

Für 2 Personen
Zubereitungszeit 25 Minuten

Orecchiette | Cime di Rapa | Brot

Zutaten
1 rote Zwiebel
Salz
6 EL Olivenöl
150 g Cime di Rapa (Stängelkohl)
160 g Orecchiette
100 g Kirschtomaten
1–2 Knoblauchzehen
2 EL Balsamessig
½ EL dunkle Miso-Paste
1 EL kleine Kapern
schwarzer Pfeffer aus der Mühle
60 g Brotchips (siehe Seite 36)

Tipp
Wer mag, bestreut den Nudelsalat zusätzlich mit frisch geriebenem Parmesan.

Die Zwiebel abziehen, würfeln und mit 1 Prise Salz mischen. Das Olivenöl in einer großen Pfanne erhitzen und die Zwiebelwürfel darin glasig anschwitzen.

Cime di Rapa waschen, trockenschleudern und die dicke Blattrispe entfernen. Die Blätter in mundgerechte Stücke schneiden. Salzwasser in einem großen Topf zum Kochen bringen und die Orecchiette darin nach Packungsanleitung garen. 2 Minuten vor dem Ende der Kochzeit die Kohlblätter in den Topf geben. Etwas Nudelwasser abnehmen und die Orecchiette und den Kohl abgießen. Orecchiette, Kohl und etwas Nudelwasser in die Pfanne zur Zwiebel geben und durchmischen. Die Herdplatte ausschalten.

Die Tomaten waschen, trockentupfen und in Viertel schneiden. Den Knoblauch abziehen und fein hacken. Beides mit Balsamessig, Miso und Kapern in die Pfanne geben. 3 Prisen Pfeffer darübermahlen und gut durchmischen.

Den Nudelsalat auf zwei Teller verteilen. Die Brotchips im Mörser zerstoßen und darüberbröseln. Mit dem restlichen Dressing aus der Pfanne beträufeln und servieren.

Für 2 Personen
Zubereitungszeit 30 Minuten

Fregola | Tomate | Burrata

Nudelsalat
160 g Fregola
Salz
60 g in Öl eingelegte getrocknete Kirschtomaten

Burratacreme
2 Burrata
2 EL Einlegesud der Tomaten (siehe unten)
Salz

Dressing
1 EL Trauben-Balsamessig
1 Prise Salz
4 EL Olivenöl

Außerdem
150 g eingekochte Tomaten (siehe Seite 30)
4 Stängel Basilikum
frisch gemahlener schwarzer Pfeffer
½ EL Tomatenflocken

Für den Nudelsalat die Fregola in Salzwasser nach Packungsanleitung al dente garen.

Für die Burratacreme die Burrata in einen Rührbecher geben und mit dem Stabmixer pürieren. Das Olivenöl und den Sud von den eingelegten Tomaten sowie 1 Prise Salz hinzufügen und alles cremig mixen.

Für das Dressing alle Zutaten verquirlen.

Die getrockneten Kirschtomaten aus dem Öl nehmen und in Streifen schneiden. Die fertigen Fregola mit dem Dressing und den Kirschtomatenstreifen mischen.

Die Burratacreme auf zwei Teller streichen und jeweils die Hälfte der Fregola daraufgeben. Die eingelegten Tomaten darauf verteilen. Das Basilikum waschen, trockentupfen, die Blättchen abzupfen und darüberstreuen. Alles mit Pfeffer und Tomatenflocken würzen und servieren.

Tipp
Wer keine eingelegten Tomaten hat, nimmt frische Kirschtomaten, halbiert oder viertelt diese und schmeckt die Burratacreme mit etwas Salz und Weißweinessig ab.

Für 2 Personen
Zubereitungszeit 30 Minuten

Fusilli | Tomatenpesto | Olivenkraut

Salatbasis
125 g Mini-Mozzarella
160 g Fusilli
Salz

Pesto
25 g Sonnenblumenkerne
25 g Kürbiskerne
100 g in Öl eingelegte getrocknete Tomaten
1 Knoblauchzehe
Salz
80 ml Olivenöl
4 Stängel Olivenkraut
2 EL Balsamessig plus etwas mehr zum Abschmecken
frisch gemahlener schwarzer Pfeffer

Tipp
Der Salat lässt sich super zu einer Party oder auch ins Büro mitnehmen. Außerdem schmeckt er sehr gut mit Feta anstatt Mozzarella, dann mit weniger Salz abschmecken.

Für die Salatbasis den Mozzarella mindestens 30 Minuten vor dem Servieren aus dem Kühlschrank nehmen. Die Fusilli in reichlich Salzwasser nach Packungsanleitung al dente garen. Beim Abgießen etwas Nudelwasser auffangen, beiseitestellen und die Fusilli kurz abkühlen lassen. Die Mozzarellakugeln ebenfalls abgießen.

Für das Pesto die Sonnenblumen- und Kürbiskerne in einer Pfanne ohne Fettzugabe anrösten, anschließend abkühlen lassen.

Die Tomaten aus dem Öl nehmen und in Stücke schneiden. Den Knoblauch abziehen und klein schneiden. Sonnenblumen- und Kürbiskerne mit 1 Prise Salz in einem Zerkleinerer grob hacken. Die Tomaten und den Knoblauch sowie das Olivenöl hinzufügen und zu einem Pesto mixen. Das Olivenkraut, waschen, trockentupfen, die weichen Nadeln abzupfen und klein hacken. Ein paar für die Garnitur beiseitestellen, den Rest mit dem Essig und 1 Prise Pfeffer unter das Pesto mischen.

Die Nudeln gut mit dem Pesto und den Mozzarellakugeln vermengen, nach Bedarf etwas Nudelwasser zugeben, damit der Salat schön saftig wird. Mit Salz und Essig würzig abschmecken.

Den Salat in eine große Schale füllen. Mit dem Olivenkraut sowie Pfeffer bestreuen und servieren.

Für 2 Personen
Zubereitungszeit 30 Minuten

Tortellini | Babyspinat | Topinambur

Topinambur-Chips
120 g Topinambur
1 EL Bratöl
1 TL Zitronensaft
Salzflocken zum Bestreuen

Walnusssauce
50 g Walnusskerne, geröstet (siehe Seite 35)
Salz
1 Knoblauchzehe
10 g Parmesan
25 ml natives Olivenöl
½ EL Zitronensaft
frisch gemahlener schwarzer Pfeffer

Außerdem
70 g Babyspinat
250 g Tortellini

Für die Topinambur-Chips den Ofen auf 200 °C Ober-/Unterhitze vorheizen.

Den Topinambur gut waschen, trockentupfen und in feine Scheiben hobeln. In einer Schüssel Bratöl und Zitronensaft mischen und die Topinamburscheiben darin wenden. Auf einem Backblech ausbreiten, sodass die Scheiben sich nicht berühren, und mit einigen Salzflocken bestreuen. Den Topinambur im heißen Ofen in 10–15 Minuten knusprig backen, dabei einmal wenden. Anschließend die Topinambur-Chips zum Auskühlen auf ein Kuchengitter legen.

Für die Walnusssauce die gerösteten Walnüsse grob hacken und mit 1 Prise Salz im Mixer oder Zerkleinerer zu einer groben Paste verarbeiten. Den Knoblauch abziehen und fein hacken. Den Parmesan fein reiben. Beides mit dem Olivenöl und dem Zitronensaft zur Nusspaste geben. Alles gut mixen, bis eine gleichmäßige Sauce entstanden ist. Mit Salz und Pfeffer abschmecken.

Den Babyspinat verlesen, waschen und trockentupfen.

Die Tortellini in Salzwasser nach Packungsanleitung garen. Etwas vom Nudelwasser mit in den Mixer oder Zerkleinerer geben und mit der Walnusssauce mischen. Es soll eine dickflüssige cremige Sauce entstehen.

In einer Schale die heißen Tortellini mit der Sauce mischen und den Babyspinat unterheben.

Den Salat auf Teller verteilen, mit den Topinambur-Chips garnieren und sofort servieren.

Penne | Puntarella | Blauschimmelkäse

- 10 g getrocknete Steinpilze
- ½ unbehandelte Zitrone
- 10 Eiswürfel
- 500 g Puntarella (Chicoréesorte)
- 2 Schalotten
- Salz
- 4 EL Olivenöl
- 2 EL Apfel-Balsamessig
- 160 g Penne
- 100 g Blauschimmelkäse
- frisch gemahlener schwarzer Pfeffer

Für 2 Personen
Zubereitungszeit 30 Minuten

Die Pilze in eine kleine Schale geben und mit kochendem Wasser bedecken. Mindestens 20 Minuten ziehen lassen.

Die Zitrone waschen, trockenreiben und die Schale abreiben. Den Saft auspressen, in eine Schüssel geben, mit Wasser und Eiswürfeln auffüllen. Die Puntarellablätter vereinzeln, waschen und trockenschleudern. Die Blattspitzen in Stücke, die unteren Enden in Streifen schneiden. Den Salat in das Zitronen-Eiswasser geben und einmal durchrühren.

Die Schalotten abziehen, fein würfeln und mit 1 Prise Salz mischen. Die Steinpilze durch ein feines Sieb abgießen und dabei die Flüssigkeit auffangen. Die Pilze in kleine Würfel schneiden. Eine Pfanne erhitzen, das Olivenöl hineingeben und die Pilz- sowie die Schalottenwürfel darin bei niedriger bis mittlerer Temperatur 15 Minuten braten. Mit dem Essig ablöschen, 4 EL des Pilzwassers hinzufügen und einige Minuten köcheln lassen. Dann die Temperatur reduzieren.

Währenddessen die Penne in Salzwasser nach Packungsanleitung al dente garen. Beim Abgießen etwas Nudelwasser auffangen.

Den Blauschimmelkäse in kleine Würfel schneiden oder klein zupfen. Die Hälfte des Käses mit in die Pfanne geben, den Rest für die Garnitur aufbewahren. Die Penne ebenfalls in die Pfanne geben und durchschwenken. Mit 2 Prisen Pfeffer und dem Zitronenabrieb würzen. Sind die Penne zu trocken, etwas Nudelwasser hinzufügen und noch einmal durchmischen.

Die Puntarella aus dem Eiswasser nehmen, kurz abtropfen lassen und in eine Schüssel geben. Die Mischung aus der Pfanne zum Puntarella geben und den Salat gut durchmischen.

Den Nudelsalat auf zwei Tellern anrichten und mit dem restlichen Käse bestreut servieren.

Reisnudeln | Chinakohl | Pilz-Tofu-Hack

Mariniertes Gemüse
150 g Chinakohl
1 kleine Karotte
2 Frühlingszwiebeln
1 TL Salz
1 Knoblauchzehe
1 EL Chiliflocken
1 EL Sojasauce
½ TL Rohrzucker

Pilz-Tofu-Hack
1 kleine Zwiebel
1 Knoblauchzehe
Salz
20 g frischer Ingwer
150 g braune Champignons
200 g geräucherter fester Tofu
1–2 EL Chilipaste
4 EL Sojasauce
3 EL Bratöl
1 EL Tomatenmark

Außerdem
150 g breite Reisnudeln
½ Bund Koriander
1 unbehandelte Limette
¼ TL Chiliflocken

Für 2 Personen
Zubereitungszeit 45 Minuten
Ziehzeit 2 Stunden 30 Minuten

Für das marinierte Gemüse den Chinakohl waschen, trockentupfen und die Blätter in 2–3 cm breite Streifen schneiden. Die Karotte schälen und in feine Streifen schneiden oder hobeln. Die Frühlingszwiebeln putzen und den weißen und hellgrünen Teil in 1,5–2 cm breite Streifen schneiden. Alles mit dem Salz vermischen und abgedeckt 30 Minuten ziehen lassen, dabei zwischendurch einmal umrühren.

Den Knoblauch abziehen und fein hacken. Mit Chiliflocken, Sojasauce und Zucker zum Gemüse geben und alles gut vermischen. Abgedeckt im Kühlschrank 2 Stunden durchziehen lassen.

Für das Pilz-Tofu-Hack die Zwiebel und den Knoblauch abziehen. Beides fein würfeln und die Zwiebel mit 1 Prise Salz vermischen. Die Ingwerschale mit einem kleinen Löffel abschaben und den Ingwer fein reiben.

Die Pilze putzen und grob in Stücke schneiden. Den Tofu gut zwischen einem Küchentuch auspressen und grob würfeln. Die Pilze und den Tofu im Blitzhacker getrennt nacheinander zu groben Krümeln verarbeiten. Chilipaste, Sojasauce und 5 EL Wasser zu einer Würzsauce vermischen und beiseitestellen.

Eine Pfanne erhitzen und das Öl hineingeben. Die Zwiebel darin bei mittlerer Temperatur glasig anschwitzen. Danach den Ingwer sowie den Knoblauch zugeben und kurz mitbraten.

Die Temperatur erhöhen, die Pilzkrümel hinzufügen und braten, bis möglichst viel Wasser verdampft ist. Dann das Tomatenmark zugeben und kurz anrösten. Die Tofukrümel hinzufügen und anbraten, zuletzt mit der Chili-Soja-Würzsauce ablöschen. Bei mittlerer Temperatur einige Minuten einkochen lassen.

Die Reisnudeln nach Packungsanleitung zubereiten. Den Koriander waschen und trockentupfen. Die Limette waschen, trockenreiben und in Spalten schneiden.

Die Reisnudeln mit dem marinierten Gemüse mischen und auf einer Platte anrichten. Mit dem Pilz-Tofu-Hack toppen. Mit den Chiliflocken bestreuen und mit dem Koriander sowie den Limettenstücken servieren.

Sobanudeln | Aubergine | Stängelbrokkoli

1 Aubergine (ca. 340 g)
1 kleine rote Zwiebel
1 Knoblauchzehe
ca. 2 EL Bratöl
Salz
180 g Sobanudeln
1 unbehandelte Limette
1 EL Reisessig
1 TL Ahornsirup
1 TL helle Miso-Paste
1 EL geröstetes Sesamöl
2 EL Olivenöl
2 cm Ingwerwurzel
½ TL Chiliflocken
30 g Pflück-, Schnittsalat (z. B. Rucola, Babyspinat, Mini-Mangold) oder Kräuter
200 g Stängelbrokkoli oder junger Brokkoli (z. B. Bimi)

Für 2 Personen
Zubereitungszeit 30 Minuten
Ziehzeit 30–60 Minuten
(optional)

Die Aubergine waschen, trockentupfen und in etwa 2 cm große Würfel schneiden. Die Zwiebel abziehen, halbieren und in dünne Streifen schneiden. Den Knoblauch abziehen und andrücken. Eine Pfanne erhitzen und 1 EL Öl hineingeben. Aubergine, Zwiebel und Knoblauch darin mit 1 Prise Salz anbraten, dabei ab und zu wenden und bei Bedarf mehr Öl hinzufügen. Ist das Gemüse schön gebräunt, den Knoblauch herausnehmen und beiseitestellen, den restlichen Pfanneninhalt in eine Schüssel umfüllen.

Die Sobanudeln in Salzwasser nach Packungsanleitung zubereiten. Vor dem Abgießen etwas Nudelwasser abnehmen und für das Dressing aufbewahren.

Ein Dressing zubereiten. Dazu die Limette waschen, trockenreiben und die Schale fein abreiben. 1 EL Saft auspressen und mit Reisessig, Ahornsirup, Miso, Sesam- und Olivenöl zu einem Dressing mischen. Die gebratene beiseitegestellte Knoblauchzehe fein hacken und zugeben. Die Ingwerschale mit einem kleinen Löffel abschaben und den Ingwer fein reiben. Zusammen mit den Chiliflocken sowie 2 EL Nudelwasser zum Dressing geben. Alles noch mal gut durchmischen.

Den Salat oder die Kräuter verlesen, waschen und trockenschleudern. Große Blätter zerkleinern. (Wer Zeit hat, deckt den Salat ab und lässt ihn 30–60 Minuten durchziehen, bevor als Nächstes der Brokkoli gebraten wird.)

Die Pfanne wieder auf den Herd stellen und erwärmen. Den Brokkoli waschen und trockentupfen. In die Pfanne geben und mit 1 Prise Salz würzen. Bei mittlerer Temperatur etwa 2 Minuten von jeder Seite braten.

Die Sobanudeln zur Auberginenmischung geben und das Dressing hinzufügen. Alles gut durchmischen. Den Salat/die Kräuter und den Brokkoli unterheben.

Den Nudelsalat entweder in einer großen Schüssel servieren oder in zwei Schalen anrichten.

Seelenwärmer

Koste in diesem Kapitel Sattmachersalate mit Zutaten wie Kartoffeln oder Reis, die sich in den Magen schmiegen und einfach ein gutes Gefühl geben. Diese Salate machen nicht nur satt, sondern auch glücklich.

Für 2 Personen
Zubereitungszeit 40 Minuten

Kartoffel | Gurke | Miso

500 g vorwiegend festkochende Kartoffeln
1 TL helle Miso-Paste
1 EL Bratöl
2 Knoblauchzehen
200 g kleine Linsen (z. B. Alblinsen)
1 unbehandelte Limette
1 EL dunkle Miso-Paste
1 TL Ahornsirup
2 EL Leindotteröl
3 EL Olivenöl
3 cm Ingwerwurzel
2 kleine Salatgurken

Den Backofen auf 200 °C Ober-/Unterhitze vorheizen.

Die Kartoffeln waschen, trockentupfen, schälen und vierteln. In einer Schüssel helles Miso, Bratöl und ½ EL Wasser verrühren und die Kartoffelspalten und Knoblauchzehen samt Schale zugeben. Alles gut mischen und auf einem mit Backpapier belegten Blech verteilen. Im heißen Ofen 25–35 Minuten backen, dabei ab und zu wenden. Die Kartoffelspalten sollten außen knusprig und innen schön weich sein.

Die Linsen nach Packungsanleitung garen.

Die Limette waschen, trockentupfen und die Schale fein abreiben. Den Saft auspressen und mit dunklem Miso, Ahornsirup, Leindotter- und Olivenöl zu einem Dressing mischen. Die Ingwerschale mit einem kleinen Löffel abschaben und den Ingwer fein reiben. Die im Ofen gerösteten Knoblauchzehen abziehen und fein hacken. Ingwer und Knoblauch unter das Dressing mischen.

Die Gurken waschen, trockentupfen und in feine Scheiben schneiden oder hobeln.

Die noch warmen Kartoffeln, die Linsen, das Dressing und die Gurkenscheiben in einer Schale mischen und sofort servieren.

Lauch | Favebohne | Radieschen

Zutaten
200 g getrocknete Favebohnen
100 g festkochende Kartoffeln
Salz
35 g Radieschenblätter
250 ml Rapsöl
2 Stangen Lauch
1 EL Bratöl
4 Brotchips (siehe Seite 36)
1–2 EL Weißweinessig
½ TL Chiliflocken

Tipp
Übriges Radieschenöl kühl (3–8 °C) lagern und zügig verbrauchen.

Für 2 Personen
Zubereitungszeit 60 Minuten
Einweichzeit 4 Stunden oder über Nacht

Die Fave in eine Schale mit ausreichend Wasser geben und abgedeckt mindestens 4 Stunden einweichen. In dieser Zeit das Wasser ab und zu wechseln.

Anschließend die Bohnen abgießen und in einen Topf geben. 300 ml Wasser hinzufügen und alles bei hoher Temperatur aufkochen. Dann die Temperatur reduzieren und den aufsteigenden Schaum abschöpfen.

Die Kartoffeln waschen, trockentupfen, schälen und in Stücke schneiden. Nach etwa 5 Minuten Bohnen-Kochzeit zu den Bohnen in den Topf geben. Bei niedriger Temperatur 60 Minuten köcheln lassen, dabei ab und zu umrühren und bei Bedarf etwas Wasser nachgießen. Die Kartoffeln und Bohnen sollten zerfallen und cremig werden. Zum Ende der Kochzeit mit Salz abschmecken.

Die Radieschenblätter waschen und sorgfältig trockentupfen. Die Hälfte zusammen mit dem Rapsöl pürieren. Die übrigen Blätter fein hacken, mit dem Radieschenöl in einen kleinen Topf geben, auf 125 °C erhitzen und die Temperatur 3 Minuten halten. Im Anschluss das Radieschenöl durch ein feines Sieb abseihen und in eine saubere Flasche füllen. Die frittierten Radieschenblätter auf ein Küchentuch legen und beiseitestellen.

Den Lauch waschen, trockentupfen und den weißen bis hellgrünen Teil in 3–4 cm dicke Stücke schneiden. Eine Pfanne erhitzen, das Bratöl hineingeben und die Lauchstücke mit 1 Prise Salz darin braun anbraten.

Die Brotchips in einem Mörser zerstoßen.

Die Fave-Creme auf zwei Tellern anrichten. Die Lauchstücke mit der Schnittfläche nach unten daraufsetzen.

6 EL Radieschenöl mit dem Essig und etwas Salz zu einem Dressing mischen. Das Dressing über den Lauch gießen. Den Salat mit frittierten Radieschenblättern, Brotkrümeln und Chiliflocken bestreut servieren.

Für 2 Personen
Zubereitungszeit 40 Minuten

Lila Kartoffel | Süßkartoffel | Ringelbete

Ofengemüse
260 g Süßkartoffeln
450 g lila Kartoffeln
100 g Ringelbete
2 kleine rote Zwiebeln
2 EL Bratöl
Salz
½ EL Ras el-Hanout
1 TL helle Sesamsamen
1 TL schwarze Sesamsamen

Dressing
2 EL Kapern
1 Prise Salz
1 EL Zitronensaft
½ TL Ahornsirup
½ TL Orangensenf
3 EL Olivenöl

Außerdem
4 Blätter Radicchio rosa

Für das Ofengemüse den Backofen auf 180 °C Ober-/Unterhitze vorheizen.

Süßkartoffeln, lila Kartoffeln und Ringelbete waschen, trockentupfen und schälen. Das Gemüse je nach Größe vierteln oder achteln. Die Zwiebeln abziehen und vierteln. In einer Schüssel Bratöl, 2 Prisen Salz, Ras el Hanout und Sesam vermischen. Kartoffeln, Ringelbete und Zwiebeln zugeben und alles gut durchmischen. Auf ein mit Backpapier ausgelegtes Blech geben und im vorgeheizten Ofen 25–35 Minuten rösten.

Für das Dressing größere Kapern klein hacken, kleine im Ganzen verwenden. Das Salz im Zitronensaft auflösen. Mit Ahornsirup, Senf, Olivenöl und den Kapern zu einem Dressing mischen.

Die Radicchioblätter waschen, trockenschleudern und in mundgerechte Stücke zupfen.

Kartoffeln, Ringelbete, Zwiebeln und Radicchio mit dem Dressing mischen. Den Salat auf Teller verteilen und sofort servieren.

Für 2 Personen
Zubereitungszeit 40 Minuten

Romanesco | Radicchio | Schwarzer Reis

Gerösteter Romanesco
430 g Romanesco
2 EL flüssiger Honig
1 EL helle Miso-Paste
2 EL Sesamöl
½ TL Currypulver

Salatbasis
120 g schwarzer Reis
Salz
2 EL Apfel-Quitten-Balsamessig
3 EL Olivenöl

Außerdem
6 Blätter Radicchio
2 EL Pinienkerne
frisch gemahlener schwarzer Pfeffer
Parmesan zum Würzen (optional)

Für den gerösteten Romanesco den Ofen auf 180 °C Ober-/Unterhitze vorheizen.

Den Romanesco in Röschen teilen, waschen und trockenschleudern. Honig, Miso, Sesamöl und Currypulver mit 1 EL Wasser in einer Schüssel zu einer Marinade verquirlen. Den Romanesco zugeben, gut durchmischen und auf einem mit Backpapier belegten Blech verteilen. Im vorgeheizten Ofen 20–25 Minuten backen.

Für die Salatbasis den Reis mit 1 Prise Salz und 240 ml Wasser in einem kleinen Topf bei hoher Temperatur aufkochen. Dann die Temperatur reduzieren und den Reis abgedeckt etwa 15 Minuten köcheln lassen. Anschließend den Deckel abnehmen und den fertigen Reis mit einer Gabel auflockern.

Den Essig, 1 Prise Salz und das Olivenöl zu einem Dressing verrühren und unter den Reis mischen.

Den Radicchio vereinzeln, waschen, trockenschleudern und in mundgerechte Stücke zupfen.

Die Pinienkerne in einer Pfanne ohne Fettzugabe anrösten.

Den Romanesco und den Radicchio unter den Reis heben und auf zwei Teller verteilen. Nach Geschmack mit Pfeffer und optional geriebenem Parmesan würzen. Den Salat mit den Pinienkernen bestreut servieren.

Für 2 Personen
Zubereitungszeit 40 Minuten

Aubergine | Couscous | Salzzitrone

Geröstete Auberginen
500 g Aubergine
2 EL dunkle Miso-Paste
2 EL Dattelsirup
1 EL Weißweinessig

Couscous
150 g Couscous
Salz
1 TL Olivenöl

Dressing
½ unbehandelte Zitrone
1 Knoblauchzehe
¼ Salzzitrone
2 EL geröstetes Sesamöl
1 EL Olivenöl
2 EL Tahini

Außerdem
2 EL helle Sesamsamen
¼ Granatapfel
2 Stängel Minze
4 Stängel glatte Petersilie

Für die gerösteten Auberginen den Backofen auf 200 °C Ober-/Unterhitze vorheizen.

Die Aubergine waschen, trockentupfen und in etwa 2 cm große Würfel schneiden. Miso, Dattelsirup und Essig zu einer Marinade verrühren. Die Auberginenwürfel zugeben und mit der Mischung überziehen. Auf einem mit Backpapier belegten Blech verteilen und im heißen Ofen 20–25 Minuten rösten, dabei ab und zu wenden.

Für den Couscous 280 ml Wasser zum Kochen bringen. Couscous, 1 Prise Salz und Olivenöl zugeben. Umrühren und auf der ausgeschalteten Herdplatte 10 Minuten quellen lassen. Dann den fertigen Couscous mit einer Gabel auflockern.

Für das Dressing die Zitrone waschen, trockentupfen, die Schale fein abreiben und den Saft auspressen. Den Knoblauch abziehen und fein hacken. Die Salzzitrone ebenfalls fein hacken. 2 EL Zitronensaft, Knoblauch und Salzzitrone mit den Ölen und dem Tahini zu einem Dressing mischen.

Den Sesam in einer Pfanne ohne Fettzugabe anrösten.

Die Granatapfelkerne aus der Frucht lösen. Minze und Petersilie waschen, trockentupfen und die Blätter abzupfen. Petersilienstiele und große Blätter fein hacken. Einige Minzblätter für die Garnitur aufbewahren.

Den Couscous mit Kräutern, Zitronenabrieb sowie etwas -saft mischen und auf zwei Schalen verteilen. Jeweils Auberginenwürfel und Granatapfelkerne daraufgeben. Mit Sesam und Minzblättchen bestreuen. Das Dressing darüber verteilen und den Salat servieren.

Für 2 Personen
Zubereitungszeit 25 Minuten

Knödel | Endivie | Zwiebel

Gebratene Knödel mit Röstzwiebeln
1 rote Zwiebel
1 Prise Salz
2 EL Bratöl
½ EL Mehl
4 Spinatknödel
1 EL Butter

Dressing
1 Prise Salz
1 EL Malzessig
1 TL süßer Senf
2 EL Leinöl
2 EL Sonnenblumenöl

Außerdem
8 Blätter Endiviensalat
1 Karotte
1 Stange Sellerie
½ Schale Kresse
frisch gemahlener schwarzer Pfeffer

Für die gebratenen Knödel die Zwiebel abziehen, in Ringe schneiden und mit dem Salz vermischen. 1 EL Bratöl in einer große Pfanne erhitzen. Die Zwiebelringe mehlieren und im heißen Öl unter mehrmaligem Wenden knusprig braten. Danach auf ein Küchentuch geben und beiseitestellen.

Die Spinatknödel in Scheiben schneiden. Die Pfanne wieder auf den Herd stellen und die Butter sowie das restliche Bratöl darin erwärmen. Die Knödelscheiben im Fett von beiden Seiten knusprig braten. Anschließend leicht abkühlen lassen.

Für das Dressing das Salz im Malzessig auflösen. Den Senf und die beiden Öle hinzufügen und alles verquirlen.

Den Endiviensalat und das Gemüse waschen und trockentupfen. Die Endivienblätter in etwa 2 cm dicke Streifen schneiden. Die Karotte schälen und in Stifte hobeln. Den Sellerie in dünne Scheiben hobeln. Den Salat und das Gemüse mit dem Dressing mischen.

Die Kresse abschneiden.

Den Gemüsesalat auf einer großen Platte anrichten. Die Knödelscheiben und Röstzwiebeln darauf verteilen. Alles mit der Kresse und Pfeffer bestreut servieren.

Blumenkohl | Hummus

Hummus
220 g Kichererbsen (Glas)
300 g vakuum-gegarte Rote Bete
60 g Tahini
4 EL Zitronensaft
1 ½ TL Sumach

Gerösteter Blumenkohl
500 g Blumenkohl
2 rote Zwiebeln
1 EL Bratöl

Dressing
1 EL Granatapfel-Essig
1 TL flüssiger Honig
1 TL Senf
5 EL Olivenöl
1 Prise gemahlener Zimt
1 Prise gemahlener Piment
frisch gemahlener schwarzer Pfeffer

Außerdem
Salz
1 EL Kapern
1 Medjool-Dattel
1 Stange Sellerie
4 Stängel glatte Petersilie
2 EL Haselnusskerne, geröstet (siehe Seite 35)
1 TL Sumach
2 EL Olivenöl

Für 2 Personen
Zubereitungszeit 40 Minuten

Den Backofen auf 180 °C Umluft vorheizen.

Für den Hummus die Kichererbsen abgießen, dabei die Flüssigkeit auffangen (übrige Flüssigkeit anderweitig verwenden). Die Rote Bete grob zerkleinern. Beides mit Tahini, Zitronensaft, Sumach und 1 ½ TL Salz im Mixer fein pürieren. Ist die Masse zu dick, etwas vom Kichererbsenwasser zugeben und weitermixen, bis die gewünschte Konsistenz erreicht ist.

Für den gerösteten Blumenkohl den Blumenkohl in Röschen teilen, waschen, trockentupfen und in eine Schüssel geben. Die roten Zwiebeln abziehen und je nach Größe vierteln oder sechsteln. Zum Blumenkohl in die Schüssel geben und gut mit dem Bratöl und 2 Prisen Salz vermischen.

Die Mischung auf einem mit Backpapier belegten Blech verteilen und im vorgeheizten Ofen in etwa 20–25 Minuten knusprig backen, dabei zwischendurch wenden. Den fertig gegarten Blumenkohl samt den Zwiebeln in eine Salatschüssel geben und abkühlen lassen.

Für das Dressing 1 Prise Salz im Essig auflösen. Mit Honig, Senf und Olivenöl verquirlen. Zuletzt das Dressing mit Zimt, Piment und 2 Prisen Pfeffer würzen.

Kleine Kapern im Ganzen verwenden, größere grob hacken. Die Dattel vierteln und quer in kleine Stücke schneiden, dabei den Kern entfernen. Den Sellerie und die Petersilie waschen und trockentupfen. Den Sellerie in feine Scheiben hobeln. Petersilienblätter abzupfen und die Stiele fein hacken. Alles zum Blumenkohl in die Schüssel geben. Das Dressing hinzufügen und vorsichtig unterheben.

Die Haselnüsse grob hacken.

Je ein Viertel des Hummus auf zwei Teller streichen, den Rest in eine Schale füllen und separat zum Salat reichen. Den Blumenkohlsalat auf die Teller verteilen und mit Haselnüssen und Sumach bestreuen. Jeweils 1 EL Olivenöl darüberträufeln und servieren.

Dazu passt frisches Fladenbrot.

Tipp
Übrigen Hummus in ein Schraubglas füllen, glatt streichen, mit etwas Olivenöl bedecken, im Kühlschrank lagern und zum Beispiel als Brotaufstrich verwenden.

Bowls

In Salatbowls verbinden sich verschiedene Zutaten zu wunderbaren Gerichten. Jeder einzelnen Komponente wird besondere Aufmerksamkeit gewidmet, sodass einzigartige Kreationen entstehen.

Spitzkohl | Tofu | Nashi-Birne

Knuspriger Tofu
220 g Tofu »natur«
2 cm Ingwerwurzel
1 unbehandelte Limette
4 EL Sojasauce
2 EL Ahornsirup
1 TL Chilipaste
1 TL dunkle Miso-Paste
1 EL Bratöl

Kohlgemüse
200 g Spitzkohl
2 Prisen Salz
1 rote Chilischote

Reis
80 g Vollkorn-Basmatireis
1 Prise Salz
10 g Butter

Dressing
2 cm Ingwerwurzel
2 EL Reisessig
1 EL helle Miso-Paste
1 EL Rapsöl
1 EL geröstetes Sesamöl

Toppings
2 Frühlingszwiebeln
2 Eiswürfel
2 EL geröstete Cashewkerne

Außerdem
1 Nashi-Birne

Für 2 Personen
Zubereitungszeit 45 Minuten
Ziehzeit min. 30 Minuten oder über Nacht

Für den knusprigen Tofu den Tofu in ein sauberes Küchentuch geben und zwischen zwei Schneidebretter geklemmt gut ausdrücken. Den ausgedrückten Tofu mit den Fingern in Stücke zupfen. Die Ingwerschale mit einem kleinen Löffel abschaben und den Ingwer fein reiben. Die Limette heiß abwaschen und trockentreiben. Die Limettenschale fein abreiben und für die Garnitur beiseitestellen. In einer Schale den Limettensaft auspressen und 2 EL (den übrigen Limettensaft für das Kohlgemüse und das Dressing aufbewahren) mit dem Ingwer, der Sojasauce, dem Ahornsirup, der Chilipaste, dem Miso und 1–2 EL Wasser zu einer Marinade verrühren. Die Tofustücke hineingeben und für mindestens 30 Minuten darin marinieren lassen.

Für das Kohlgemüse den Spitzkohl waschen, trockenreiben und halbieren. Den Strunk entfernen und den Kohl in feine Streifen schneiden. Die Streifen in eine Schüssel füllen, mit dem Salz bestreuen und mit den Händen gut durchkneten, bis einiger Saft ausgetreten und der Kohl weich ist. Die Chilischote waschen, trockenreiben, halbieren und quer in feine Streifen schneiden. Zusammen mit 1 EL Limettensaft zum Spitzkohl geben. Alles noch einmal gut durchmischen und abgedeckt bereitstellen.

Den Reis nach Packungsanleitung zubereiten, dabei das Salz und die Butter von Beginn an mitkochen. Den fertigen Reis mit einer Gabel auflockern und ausdampfen lassen.

Für das Dressing die Ingwerschale mit einem kleinen Löffel abschaben und den Ingwer fein reiben. Mit dem restlichen Limettensaft, Reisessig, Miso und den Ölen glatt rühren.

Für die Toppings die Frühlingszwiebeln, waschen, trockentupfen und in 3–4 cm lange Stücke schneiden. Diese längs halbieren und dann in dünne Streifen schneiden. Diese in einer Schale mit Eiswasser einlegen. Die Cashewkerne in einer Pfanne ohne Fettzugabe anrösten.

Den Tofu aus der Marinade nehmen und abtropfen lassen. Die Marinade zum Ablöschen aufbewahren. Eine Pfanne bei hoher Temperatur erhitzen, das Bratöl hineingeben und den Tofu darin rundum anbraten. Mit der Marinade ablöschen, die Temperatur reduzieren und die Marinade kurz einkochen lassen.

Die Birne waschen, trockentupfen und halbieren. Das Kerngehäuse entfernen und die Frucht in Spalten schneiden.

Reis, Spitzkohl, Birne und Tofu auf zwei Schalen verteilen. Mit Frühlingszwiebeln und Cashewkernen garnieren, mit dem Dressing beträufeln und mit Limettenschale bestreut servieren.

Reisnudel | Edamame | eingelegtes Ei

Marinierte Eier
4 Eier
3 cm Bio-Ingwerwurzel
70 ml Sojasauce
30 ml Mirin

Gewürzmischung
½ EL helle Sesamsamen
½ EL schwarze Sesamsamen
1 EL Szechuanpfeffer
½ EL Chiliflocken
4 cm getrocknete Bitterorangenschale
½ TL Mohnsamen
½ TL Ingwerpulver

Dressing
2 EL Reisessig
4 EL geröstetes Sesamöl
1 EL helle Miso-Paste
2 EL Sesampaste (Tahini)

Außerdem
440 g breite Reisnudeln
200 g Edamame (TK)
70 g Erbsenspargel
½ Bund Koriander
2 Frühlingszwiebeln
2 unbehandelte Limetten

Für 2 Personen
Zubereitungszeit 40 Minuten
Ziehzeit 10–24 Stunden

Für die marinierten Eier Wasser in einem kleinen Topf bei hoher Temperatur aufkochen. Die Eier ins Wasser geben und die Temperatur reduzieren. Die Eier 6 Minuten kochen, herausnehmen und kalt abschrecken, bis sie abgekühlt sind.

Inzwischen den Ingwer waschen, trockenreiben und grob hacken. Mit Sojasauce, Mirin und 70 ml Wasser in einem Topf vermischen. Die Mischung bei hoher Temperatur aufkochen, danach die Temperatur reduzieren und den Sud etwa 5 Minuten köcheln lassen. Danach etwas abkühlen lassen.

Die abgekühlten Eier pellen und in ein Schraubglas legen. Den leicht abgekühlten Sud aufgießen, weiter abkühlen lassen und dann zum Durchziehen für 10–24 Stunden kühl stellen.

Für die Gewürzmischung die beiden Sesamsorten in einer Pfanne ohne Fettzugabe rösten, bis sie zu knistern und duften beginnen. Sofort umfüllen und abkühlen lassen.

In einer Gewürzmühle portionsweise den Sesam, den Szechuanpfeffer, die Chiliflocken, die Bitterorangenschale und den Mohn zu Pulver mahlen. Mit dem Ingwerpulver vermischen und die Gewürzmischung bereitstellen.

Für das Dressing Reisessig, Sesamöl, Miso-Paste und Sesampaste mit 2 EL Wasser glatt verrühren.

Die Reisnudeln und die Edamame nach Packungsanleitung zubereiten. Den Erbsenspargel und Koriander waschen und vorsichtig trockentupfen. Die Frühlingszwiebeln waschen, trockentupfen und schräg in dünne Ringe schneiden. Die Limette waschen, trockenreiben und aufschneiden.

Jeweils Reisnudeln, Edamame, Erbsenspargel, Koriander und Frühlingszwiebeln auf zwei Schalen verteilen. Zwei Eier aus der Marinade nehmen, halbieren und je zwei Hälften auf die Bowl setzen. Mit der Gewürzmischung bestreuen und zusammen mit dem Dressing zum Beträufeln servieren.

Tipp
Die beiden übrigen marinierten Eier entweder dazu servieren oder bis zu 3 Tage kühl aufbewahren und zum Beispiel zur Brotzeit reichen.

Mie-Nudel | Pak Choi | Shiitake

Bowl
125 g Mie-Nudeln
Salz
4 Eiswürfel
140 g Pak Choi
150 g Shiitakes
½ Knoblauchzehe
1 EL Erdnussöl

Dressing
2 unbehandelte Limette
2 cm Ingwerwurzel
1 EL Reisessig
1 EL Mirin
1 EL helle Miso-Paste
1 TL Reissirup
1 EL Sesampaste
3 EL Sesamöl
2 EL Leindotteröl

Topping
2 Frühlingszwiebeln
Chiliflocken
2 EL Gomasio (japanisches Streugewürz)

Für 2 Personen
Zubereitungszeit 40 Minuten

Für die Bowl die Mie-Nudeln mit Salz nach Packungsanleitung garen.

Ein Eisbad vorbereiten. Dafür die Eiswürfel mit kaltem Wasser in eine Schüssel geben. Den Pak Choi waschen und trockenschleudern. Die dicken Blattstängel in Streifen schneiden, die Blätter je nach Größe grob zerkleinern oder ganz lassen. Reichlich Wasser in einem Topf aufkochen. Den Pak Choi ins kochende Wasser geben und darin 2–3 Minuten blanchieren. Die Blätter mit einer Siebkelle herausnehmen und sofort in das vorbereitete Eiswasser tauchen. Anschließend vorsichtig ausdrücken. Die Blattstängel-Streifen abgießen und trockentupfen.

Die Pilze bei Bedarf mit einem Pinsel säubern und in Streifen schneiden. Den Knoblauch abziehen und fein hacken. Eine Pfanne erhitzen, das Erdnussöl hineingeben und die Pilze darin unter gelegentlichem Wenden scharf anbraten. Anschließend den Knoblauch zufügen und leicht anschwitzen.

Für das Dressing die Limetten waschen und trockentupfen. Von einer Frucht die Schale abreiben und den Saft auspressen, die zweite bis zum Servieren beiseitestellen.

Die Ingwerschale mit einem kleinen Löffel abschaben und den Ingwer fein reiben. Ingwer, Limettensaft, Limettenschale, Reisessig, Mirin, Miso, Reissirup, Sesampaste und Öle glatt rühren.

Für das Topping die Frühlingszwiebeln waschen, trockentupfen und schräg in etwa 0,5 cm dünne Ringe schneiden.

Die Mie-Nudeln mit dem Dressing, den Pak-Choi-Stängel-Streifen und 1 Prise Chiliflocken durchmischen.

Den Nudelsalat auf zwei tiefe Teller verteilen. Pilze, Pak-Choi-Blätter und Frühlingszwiebeln drüberstreuen. Mit ½ TL Chilipulver und Gomasio toppen und servieren. Die beiseitegelegte Limette aufschneiden und dazu reichen.

Pink Rettich | Enoki | Sushireis

Bowl
100 g Sushireis
3 EL Reisessig
2 TL Rohrzucker
1 Prise Salz
2 Eiswürfel
1 pinker Rettich
80 g Zuckerschoten
1 EL Bratöl
100 g Enoki-Pilze
1 EL Sojasauce
½ Bund Koriander
1 Avocado

Dressing
2 EL Sesamsamen
3 cm Ingwerwurzel
4 EL Sojasauce
4 EL Reisessig
2 TL Rohrzucker
2 EL geröstetes Sesamöl

Für 2 Personen
Zubereitungszeit 35 Minuten

Für die Bowl den Sushireis nach Packungsanleitung zubereiten. Den fertig gekochten Reis mit einer Gabel auflockern und 5–10 Minuten ausdampfen lassen. Danach Reisessig, Zucker und Salz vermischen und den Reis damit würzen.

Ein Eisbad vorbereiten. Dafür die Eiswürfel in eine große Schale geben und kaltes Wasser zugießen. Den Rettich waschen, trockentupfen und schälen. Anschließend in dünne Scheiben hobeln und in das Eiswasser legen.

Für das Dressing die Sesamsamen in einer Pfanne ohne Fettzugabe anrösten, bis sie zu knistern und duften beginnen. Sofort in einen Mörser umfüllen und zerreiben. Die Ingwerschale mit einem kleinen Löffel abschaben und den Ingwer fein reiben. Sojasauce, Reisessig, Zucker und Öl glatt rühren. Den Ingwer und den Sesam zufügen und untermischen.

Für die weiteren Bowl-Komponenten die Zuckerschoten waschen, trockentupfen und je nach Größe schräg in zwei bis drei Stücke zerteilen. Eine Pfanne erhitzen, das Bratöl zugeben und erwärmen. Die Zuckerschoten und die Pilze darin unter Rühren einige Minuten scharf anbraten, dann mit der Sojasauce ablöschen. Die Pfanne vom Herd nehmen und beiseitestellen.

Den Koriander waschen, trockenschleudern und die Blätter abzupfen. Die Avocado halbieren, den Kern entfernen und das Fruchtfleisch in Scheiben schneiden. Zusammen mit dem Kern beiseitestellen.

Den Sushireis, die Rettichscheiben, die Zuckerschoten und die Pilze sowie je ½ Avocado auf zwei Schalen verteilen und mit Korianderblättchen bestreuen. Das Dressing darüber gießen und die Bowl servieren.

Für 2 Personen
Zubereitungszeit 45 Minuten

Mini-Brokkoli | Austernpilze | Dinkel

Bowl
80 g Dinkelkörner
160 ml Gemüsebrühe
1 Apfel
1 ½ EL Bratöl
100 g Austernpilze
½ TL Fenchelsamen
Salz
80 g Stängelbrokkoli oder junger Brokkoli (z. B. Bimi)
2 Handvoll Babyspinat

Dressing
2 EL Zitronensaft
1 TL helle Miso-Paste
2 EL Hanföl
1 EL Olivenöl
1 EL Joghurt (mind. 3,5 % Fettgehalt)
1 TL Ahornsirup

Topping
2 EL junge Sprossen (z. B. Belugalinsen-Sprossen, siehe Seite 29)
1 EL geschälte Hanfsamen
½ TL Chiliflocken

Für die Bowl die Dinkelkörner in der Gemüsebrühe aufkochen und bei niedriger Temperatur 20–25 Minuten köcheln lassen.

Den Apfel waschen, trockenreiben und das Kerngehäuse entfernen. Den Apfel in Spalten schneiden. Eine Pfanne erhitzen, ½ EL Bratöl hineingießen und die Apfelspalten darin kurz anbraten, bis sie karamellisieren. Dann aus der Pfanne nehmen und beiseitestellen.

Die Austernpilze abbürsten und in Streifen schneiden. Die Fenchelsamen im Mörser zerstoßen. Die Pfanne erneut erhitzen, 1 EL Bratöl hineingießen und die Pilze zusammen mit den Fenchelsamen darin scharf anbraten, ab und zu wenden und am Ende mit 1 Prise Salz würzen.

Den Brokkoli abbrausen. In einem Topf reichlich Salzwasser zum Kochen bringen und den Brokkoli darin 3–4 Minuten blanchieren. Anschließend in eine Schüssel mit kalten Wasser geben.

Den Babyspinat waschen und trockenschleudern.

Für das Dressing Zitronensaft, Miso, Öle, Joghurt und Ahornsirup glatt rühren.

Den gekochten Dinkel auf zwei Schalen verteilen. Apfelspalten, Pilze, Brokkoli und Spinat darauf verteilen. Mit Sprossen, Hanfsamen und Chiliflocken bestreuen und mit dem Dressing zum Beträufeln servieren.

Für 2 Personen
Zubereitungszeit 30 Minuten

Zucchini | Tomate | Feta

Ofentomaten
200 g Kirschtomaten an der Rispe
1 EL Olivenöl
1 Prise Salz

Bowlbasis
Salz
100 g Nudeln in Reisform (Kritharaki)
1 EL Olivenöl

Pesto
25 g Rucola
25 g glatte Petersilie
80 g Mandelkerne, geröstet (siehe Seite 35)
Salz
100 ml Olivenöl
½ unbehandelte Zitrone
frisch gemahlener schwarzer Pfeffer

Gebratene Zucchini
250 g Zucchini
½ EL Bratöl
1 Prise Salz

Topping
2 Handvoll Rucola
50 g Oliven
100 g Feta
schwarzer Pfeffer aus der Mühle

Für die Ofentomaten den Backofen auf 180 °C Ober-/Unterhitze vorheizen. Die Kirschtomaten waschen und in eine ofenfeste Form legen. Mit dem Olivenöl beträufeln und mit dem Salz bestreuen. Im heißen Ofen 20 Minuten rösten.

Für die Bowlbasis in einem großen Topf reichlich Salzwasser zum Kochen bringen und die Nudeln darin nach Packungsanleitung garen. Anschließend abgießen und mit dem Olivenöl mischen.

Für das Pesto den Rucola und die Petersilie waschen, trockenschleudern und grob hacken. Die Mandeln in einem Multizerkleinerer zusammen mit 1 Prise Salz mahlen. Den Rucola, die Petersilie und das Öl dazugeben und fein pürieren. Die Zitrone heiß waschen, trockenreiben und die Schale abreiben. Den Saft auspressen und zusammen mit dem Schalenabrieb zum Pesto geben. Mit schwarzem Pfeffer und Salz abschmecken und noch einmal gut mischen.

Für die gebratene Zucchini die Zucchini waschen und trockenreiben. Die Frucht längs halbieren und quer in 1–1,5 cm dicke Scheiben schneiden. Eine Pfanne erhitzen, das Bratöl hinzufügen und erwärmen. Die Zucchinischeiben darin von beiden Seiten kurz scharf anbraten. Mit Salz würzen und beiseitestellen.

Für das Topping den Rucola waschen und trockenschleudern.

Die Nudeln auf zwei Schalen verteilen und Zucchini, Tomaten und Oliven darauf anrichten. Den Feta grob zerbröseln und jeweils die Hälfte auf die Bowls geben. Mit etwas Rucola toppen und mit frisch gemahlenem Pfeffer bestreuen. Die Bowls zusammen mit dem Pesto servieren.

Beten | Grünkohl | Einkorn

Ofen-Beten
350 g bunte Beten
1/4 TL Kreuzkümmelsamen
1 EL Bratöl
1 Prise Salz
2 Prisen frisch gemahlener schwarzer Pfeffer

Bowlbasis
80 g Einkorn
Salz

Dressing
1–2 Knoblauchzehen
1 Zweig Rosmarin
3 EL Olivenöl
3 getrocknete kleine Chilischoten
2 EL Haselnussmus
1 EL Schwarze-Johannisbeer-Balsamessig
2 Prisen Salz
1 TL flüssiger Honig
1/2 TL Senf

Außerdem
5 Eiswürfel
80 g zarte lila Grünkohlblätter
100 g Feldsalat
2 Clementinen
2 EL Haselnusskerne, geröstet (siehe Seite 35)

Für 2 Personen
Zubereitungszeit 40 Minuten

Für die Ofen-Beten den Backofen auf 200 °C Ober-/Unterhitze vorheizen. Die Beten waschen, trockenreiben und schälen. Je nach Größe vierteln oder sechsteln. Den Kreuzkümmel im Mörser zerstoßen. In einer Schüssel das Öl mit Kreuzkümmel, Salz und Pfeffer mischen. Die Beten zugeben und alles gründlich vermengen. Die gewürzten Betenscheiben auf einem mit Backpapier belegtem Blech verteilen und im heißen Ofen 30–40 Minuten rösten.

Für die Bowlbasis das Einkorn mit 160 ml Wasser und Salz in einem Topf aufkochen und anschließend bei niedriger Temperatur 20 Minuten quellen lassen.

Inzwischen ein Würzöl für das Dressing zubereiten. Dafür den Knoblauch abziehen und die Zehe(n) leicht andrücken. Den Rosmarin waschen und trockenschütteln. Das Olivenöl in eine kleine Pfanne oder einen kleinen Topf geben. Den Knoblauch, den Rosmarin und die Chilischoten hineinlegen. Das Öl erhitzen und alles kurz köcheln lassen. Dann vom Herd nehmen und ziehen lassen.

Für den Grünkohl ein Eisbad vorbereiten. Dafür die Eiswürfel in eine Schale geben und mit kaltem Wasser aufgießen, sodass der Grünkohl noch Platz hat. Den Grünkohl gründlich waschen und trockenschütteln. Die Blätter von den dicken Blattrispen in mundgerechte Stücke zupfen. In einem Topf mit kochendem Salzwasser 3–4 Minuten blanchieren. Im Anschluss abgießen und ins Eiswasser legen.

Den Feldsalat verlesen, gründlich waschen, trockenschleudern und beiseitestellen. Die Clementinen schälen und quer in dünne Scheiben schneiden. Die Haselnüsse grob hacken.

Rosmarinzweig, Knoblauch und Chili aus dem Würzöl nehmen. Für das Dressing das Würzöl mit Haselnussmus, Essig, Salz, Honig und Senf glatt rühren.

Einkorn, Beten, Grünkohl, Feldsalat und Clementinen auf zwei Schalen verteilen. Mit dem Dressing beträufeln und mit Haselnüssen bestreut servieren.

Radieschen | Kartoffel | Obazda

Obazda
125 g reifer Brie oder Camembert
25 g Butter
¼ TL Kümmelsamen
½ TL edelsüßes Paprikapulver
1 EL Bier oder Sahne plus etwas mehr nach Bedarf

Schmelzzwiebel
1 große rote Zwiebel
1 Prise Salz
1 EL Bratöl

Rettich
1 schwarzer Rettich
2 Eiswürfel

Bratkartoffel
300 g gekochte Pellkartoffeln vom Vortag
1 EL Bratöl
Salz
frisch gemahlener schwarzer Pfeffer

Dressing
1 Prise Salz
1–2 EL Kräuteressig
½ EL süßer Senf
3 EL Rapsöl
2 EL Olivenöl

Außerdem
100 g Kopfsalat
½ Bund Schnittlauch
8 fermentierte Radieschen (siehe Seite 48)
1 Laugenzöpfchen (optional)

Für den Obazda den Käse und die Butter 1 Stunde vor der Zubereitung aus dem Kühlschrank nehmen und Zimmertemperatur annehmen lassen. Dann beides in kleine Stücke schneiden und in eine Schüssel geben. Den Kümmel im Mörser zerstoßen und mit dem Paprikapulver zur Käse-Butter-Mischung hinzufügen. Alles gründlich vermischen und zerdrücken. Es sollen am Ende noch kleine Käsestückchen zu sehen sein. Bier oder Sahne zufügen und weiterrühren, bis eine cremige Konsistenz erreicht ist, nach Bedarf etwas mehr Flüssigkeit zugeben.

Für die Schmelzzwiebel die Zwiebel abziehen, in dünne Scheiben schneiden und mit dem Salz mischen. Eine Pfanne erhitzen und das Bratöl darin erwärmen. Die Zwiebelringe unter gelegentlichem Wenden im Öl bei mittlerer Temperatur anschwitzen, bis sie leicht gebräunt sind. Die fertigen Zwiebeln in eine Schale umfüllen und beiseitestellen.

Für den Rettich ein Eisbad vorbereiten. Dafür die Eiswürfel in eine Schale geben und mit kaltem Wasser aufgießen, sodass der Rettich noch Platz hat. Den Rettich waschen, trockentupfen und samt Schale in dünne Scheiben hobeln. Diese in das Eiswasser legen.

Für die Bratkartoffeln die Kartoffel schälen und in kleine Stücke schneiden. Die Pfanne wieder erhitzen und das Bratöl darin erwärmen. Die Kartoffeln unter gelegentlichem Wenden im Öl bei hoher Temperatur anbraten, bis sie schön knusprig sind. Dezent mit Salz und Pfeffer würzen.

Für 2 Personen
Zubereitungszeit 40 Minuten

Für das Dressing das Salz im Essig auflösen und mit dem Senf und den Ölen glatt rühren.

Den Kopfsalat waschen und trockenschleudern. Den Schnittlauch ebenfalls waschen und trockentupfen. Den Rettich aus dem Wasser nehmen und abtropfen lassen.

Salatblätter, Rettichscheiben, Bratkartoffeln, Obazda, Radieschen und Zwiebelringe je zur Hälfte in zwei Schalen anrichten. Den Schnittlauch in Röllchen schneiden, darüberstreuen und die Bowls servieren. Nach Belieben Laugengebäck dazureichen.

Rotkohl | Süßkartoffel | Hirse

Rotkohlsalat
80 g Rotkohl
2 Prisen Salz
1/4 TL Kreuzkümmelsamen
1 EL saure Sahne

Bowlbasis
125 g Hirse
2 Prisen Salz
1 EL Olivenöl

Dressing
1 Prise Salz
1 EL Holunderbeer-Essig
1 TL flüssiger Honig
1/2 TL Senf
2 EL Rapsöl
3 EL Olivenöl
frisch gemahlener schwarzer Pfeffer

Außerdem
100 g Süßkartoffel
80 g grüne Trauben
1 EL Bratöl
Salz

Topping
100 g Salatblätter-Mix
2 EL junge Sprossen (z. B. Belugalinsen-Sprossen; siehe Seite 29)
frisch gemahlener schwarzer Pfeffer

Für 2 Personen
Zubereitungszeit 35 Minuten

Für den Rotkohlsalat den Rotkohl waschen und trockentupfen. Die Blätter vereinzeln, halbieren, dicken Blattrispen entfernen und die Blätter in dünne Streifen schneiden. In einer Schüssel mit dem Salz vermischen und mit den Händen kneten, bis Flüssigkeit austritt und der Kohl weicher wird. Den Kreuzkümmel im Mörser zerstoßen und mit der sauren Sahne unter den Rotkohl mischen. Abgedeckt durchziehen lassen, dabei ab und zu durchmischen.

Für die Bowlbasis die Hirse unter heißem Wasser abspülen. In einem Topf mit 250 ml Wasser und dem Salz bei hoher Temperatur aufkochen. Dann die Temperatur reduzieren und die Hirse etwa 10 Minuten köcheln lassen. Danach den Topf vom Herd nehmen, die Hirse mit einer Gabel auflockern und kurz ausdampfen lassen. Zuletzt das Olivenöl untermischen.

Für das Dressing das Salz im Essig auflösen und mit Honig, Senf und den Ölen glatt rühren. Mit frisch gemahlenen Pfeffer würzen und beiseitestellen.

Die Süßkartoffel schälen und in 0,5–1 cm dünne Scheiben schneiden. Die Trauben waschen, trockentupfen und halbieren. Eine Pfanne erhitzen und das Öl darin erwärmen. Die Süßkartoffelscheiben in die Pfanne geben, leicht salzen und im Öl etwa 3 Minuten von jeder Seite braten. Dann die Trauben hinzufügen und 2–3 Minuten mitbraten, bis sie leicht gebräunt sind.

Für das Topping den Salat verlesen, waschen und trockenschleudern. Die Sprossen in Essigwasser desinfizieren (siehe Seite 27).

Hirse, Rotkohl, Salat, Süßkartoffeln, Trauben und Sprossen auf zwei Schalen verteilen. Mit etwas frisch gemahlenem Pfeffer bestreuen und servieren. Das Dressing dazureichen.

It's a Wrap

In diesem Kapitel werden die aromatischen Salatgerichte in Reispapier, Kohl- oder Salatblätter sowie Wraps eingewickelt. Salatwraps sind praktisch für unterwegs, wie beispielsweise als Lunch im Büro.

Mango | Gurke | Erdnuss

Füllung
1 Mango
1/2 Salatgurke
100 g Karotte
2 Frühlingszwiebeln
2 Eiswürfel
2 EL Mungbohnensprossen
1 Bund Koriander
2 EL geröstete Erdnusskerne

Für das Dressing
2 cm Ingwerwurzel
1/2 unbehandelte Limette
2 EL Sojasauce
3 EL geröstetes Sesamöl
1/2 Knoblauchzehe
1 Stück Chilischote (optional)

Außerdem
4 Blatt rundes Reispapier

Für 2 Personen
Zubereitungszeit 30 Minuten

Für die Füllung die Mango schälen, das Fruchtfleisch vom Kern lösen und in feine Streifen schneiden. Die Salatgurke waschen, trockenreiben und in etwa 4 cm große Stücke teilen, diese halbieren und die Kerne entfernen. Das ausgehöhlte Gurkenfruchtfleisch in dünne Streifen (Julienne) schneiden. Die Karotte schälen und ebenfalls erst in etwa 4 cm große Stücke teilen, anschließend in dünne Streifen (Julienne) schneiden.

Die Frühlingszwiebeln waschen und trockentupfen. Die weißen und hellgrünen Teile in etwa 4 cm große Stücke teilen, diese anschließend längs in dünne Streifen schneiden. Die Eiswürfel in eine kleine Schale mit kaltem Wasser geben und die Frühlingszwiebeln ins Eiswasser legen.

Für das Dressing die Ingwerschale mit einem kleinen Löffel abschaben und den Ingwer fein reiben. Die Limette heiß abwaschen, trockentupfen und die Schale fein abreiben. 2 EL Saft auspressen und mit Sojasauce, Sesamöl, Ingwer und Limettenschale zu einem Dressing verrühren. Die Knoblauchzehe abziehen und fein hacken. Den Chili in kleine Würfel schneiden. Beides unter das Dressing mischen.

Für die weitere Füllung die Mungbohnensprossen waschen und trockentupfen. Den Koriander waschen, trockenschütteln und die Blätter abzupfen. Die Erdnüsse grob hacken.

Die Frühlingszwiebeln aus dem Wasser nehmen und abtropfen lassen. Zusammen mit 1 EL Erdnüsse und den restlichen Zutaten vermischen.

Zwei große Teller mit Rand bereitstellen. Einen davon mit Wasser füllen und eines der Reisblätter für 2–4 Minuten hineinlegen. Es sollte schön flexibel werden. Das eingeweichte Reispapier auf den zweiten Teller legen und ein Viertel des Salats länglich in die Mitte des Reispapiers setzen. Das Reispapier von links und rechts einschlagen. Dann die untere Seite hochklappen und das Reispapier mit der Füllung einrollen.
Mit dem restlichen Reispapier und der Füllung ebenso verfahren.

Sofort servieren und das Dressing in zwei kleinen Schälchen zum Dippen dazureichen.

Chinakohl | Glasnudel | Paprika

Glasnudelsalat
100 g Glasnudeln
½ rote Paprikaschote
1 kleine Karotte
½ Gurke
2 Frühlingszwiebeln
½ rote Chilischote
2 EL weiße Sesamsamen
½ Bund Koriander

Dressing
6 EL Sojasauce
3 EL Reisessig
2 EL geröstetes Sesamöl
1 EL Rohrzucker
1 Knoblauchzehe
3 cm Ingwerwurzel

Außerdem
10 Eiswürfel
4–6 Blätter Chinakohl
Salz

Für 2 Personen
Zubereitungszeit 35 Minuten

Für den Glasnudelsalat die Glasnudeln nach Packungsanleitung zubereiten. Nach dem Garen kalt abspülen und abtropfen lassen. Mit den Händen etwas ausdrücken und in eine Schüssel füllen.

Die Paprika, die Karotte, die Gurke und die Frühlingszwiebeln waschen und trockentupfen. Die Trennwände und Kerne der Paprika entfernen und das Fruchtfleisch in feine Streifen schneiden. Die Karotte schälen und in etwa 4 cm lange Stücke teilen, diese längs in feine Streifen (Julienne) schneiden. Mit der Gurke und den Frühlingszwiebeln ebenso verfahren; von der Gurke vorab das Kerngehäuse herauslösen. Alles zu den Glasnudeln in die Schüssel geben.

Die Chilischote halbieren, die Trennwände und Kerne entfernen. Die Schote fein hacken und mit dem Salat vermengen.

Für das Dressing Sojasauce, Reisessig, Sesamöl und Zucker verrühren. Die Knoblauchzehe abziehen und fein hacken. Die Ingwerschale mit einem kleinen Löffel abschaben und den Ingwer fein reiben. Den Knoblauch und den Ingwer unter das Dressing mischen.

Die Sesamsamen in einer Pfanne ohne Fettzugabe anrösten, bis sie duften und leise knistern. Sofort in einen Mörser umfüllen, etwas abkühlen lassen und dann grob zerstoßen. Zum Glasnudelsalat geben, die Hälfte des Dressings hinzufügen und den Salat gründlich durchmischen.

Eine Schüssel mit Eiswasser vorbereiten. Die Kohlblätter vorsichtig vom Strunk lösen, ohne sie zu zerreißen. Die Blätter abspülen. In einem Topf reichlich Salzwasser zum Kochen bringen und die Kohlblätter darin 2–3 Minuten blanchieren. Aus dem heißen Wasser nehmen und ins Eiswasser legen, bis sie abgekühlt sind. Herausnehmen und trockentupfen.

Den Koriander waschen und trockenschleudern. Die Blättchen abzupfen und unter den Salat mischen.

Den Glasnudelsalat auf den unteren Enden der Kohlblätter verteilen und diese einrollen. Das restliche Dressing noch einmal gründlich verrühren und auf zwei kleine Schälchen verteilen. Die Chinakohlrollen mit dem Dressing zum Dippen servieren.

Für 2 Personen
Zubereitungszeit 20 Minuten

Fermentierte Bete | Pilze | Karotte

150 g gelbe Karotten
100 g säuerlicher Apfel
2 EL Zitronensaft
Salz
2 EL Walnussöl
3 EL Olivenöl
200 g Austernpilze
½ TL Fenchelsamen
½ EL Bratöl
2 Prisen Chiliflocken
2 Mehrkorn-Wraps
2 EL körniger Frischkäse
2 EL fermentierte Rote Bete
(siehe Seite 46)

Die Karotten und den Apfel waschen und trockenreiben. Beides in feine Stifte hobeln oder schneiden. Mit dem Zitronensaft, 1 Prise Salz, dem Walnuss- und dem Olivenöl vermengen.

Die Pilze mit einem Pinsel reinigen und in 1–2 cm breite Streifen schneiden. Die Fenchelsamen im Mörser zerstoßen. Eine Pfanne erhitzen, das Bratöl darin erwärmen und die Pilze zusammen mit den Fenchelsamen darin 6–8 Minuten rundherum anbraten. Zuletzt mit Salz und den Chiliflocken würzen.

Die Wraps nacheinander in einer Pfanne ohne Fettzugabe jeweils etwa 2 Minuten erwärmen. Danach jeden Wrap auf einen Teller legen. Zuerst den Karotten-Apfel-Salat mittig darauf anrichten. Jeweils die Hälfte des Frischkäses, der Pilze und der Roten Bete darauf verteilen. Die Wraps von links und rechts ein Stück über die kurzen Seiten der Füllung schlagen. Dann von unten nach oben über die Füllung klappen und einrollen. Die Wraps diagonal halbieren und servieren.

Für 2 Personen
Zubereitungszeit 25 Minuten
Ziehzeit 15–20 Minuten

Spitzkohl | Karotte | Seitan

300 g Spitzkohl
Salz
80 g Karotte
1 kleine rote Zwiebel
½ TL Kümmelsamen
2 ½ EL Bratöl
1 EL Apfel-Balsamessig
2 EL Mayonnaise
½ TL Senf
2 TL Ahornsirup
200 g Seitan
½ TL Currypulver
4 kleine Wraps

Den Spitzkohl waschen, trockenreiben und in dünne Streifen schneiden. In einer Schüssel mit Salz mischen und mit den Händen gut durchkneten. Die Karotte waschen, trockentupfen, schälen und grob raspeln. Die Raspel zum Kohl in die Schüssel geben.

Die Zwiebel abziehen, in feine Würfel schneiden und mit etwas Salz bestreuen. Den Kümmel im Mörser grob zerstoßen. Eine Pfanne erhitzen und ½ EL Bratöl darin erwärmen. Die Zwiebelwürfel im Öl zusammen mit dem Kümmel glasig anschwitzen. Im Anschluss in die Schüssel zum Kohl umfüllen.

1 Prise Salz im Essig auflösen. Mit Mayonnaise, Senf und 1 TL Ahornsirup glatt rühren. Dieses Dressing über den Kohl gießen und alles gut vermengen. Abgedeckt in den Kühlschrank stellen.

Den Seitan abgießen, abtropfen lassen und klein schneiden. Die Stücke in einer Schüssel mit 2 EL Bratöl, 1 Prise Salz, dem Currypulver und 1 TL Ahornsirup mischen. Eine Pfanne erhitzen und den Seitan darin rundherum anbraten, bis er leicht gebräunt ist.

Die Wraps in einer Pfanne ohne Fettzugabe nacheinander jeweils 2 Minuten erwärmen. Die Füllung länglich mittig auf die vier Wraps verteilen; zuerst den Krautsalat und dann den gebratenen Seitan. Jeweils von links und rechts den Wrap ein Stück über die kurzen Seiten der Füllung schlagen. Dann von unten nach oben über die Füllung klappen und einrollen.
Je zwei Wraps im ganzen oder halbiert auf zwei Tellern anrichten und servieren.

Für 2 Personen
Zubereitungszeit 25 Minuten

Bohne | Mais | Avocado

Bohnen-Mais-Salat
150 g Kidneybohnen aus der Dose
75 g Mais aus der Dose
½ rote Paprika
1 Stück Jalapeño (nach Geschmack)
1 rote Zwiebel
1 unbehandelte Limette
1 Prise Salz
3 EL Rapsöl
½ Bund Koriander

Guacamole
2 reife Avocados
1 Prise Salz
1 Knoblauchzehe
100 g Kirschtomaten
2 Prisen Chiliflocken
2 EL Olivenöl

Zum Servieren
1 unbehandelte Limette
4 EL saure Sahne
4 kleine Mais-Wraps

Für den Bohnen-Mais-Salat die Bohnen und den Mais abgießen, abspülen und abtropfen lassen. Die Paprika und Jalapeño waschen und trockentupfen. Kerne und Trennwände entfernen und das Fruchtfleisch in kleine Würfel schneiden. Die Zwiebel abziehen, würfeln und bis zur Verwendung in kaltes Wasser legen. Die Limette heiß waschen, trockentupfen und die Schale abreiben. Den Saft auspressen und die Hälfte davon mit dem Salz und dem Rapsöl vermischen. Bohnen, Mais, Paprika, Jalapeño, die Hälfte der Zwiebelwürfel und die Limettenschale mit dem Salz-Limettensaft-Gemisch vermengen und abgedeckt beiseitestellen – ab und zu durchmischen.

Kurz vor dem Servieren den Koriander waschen, trockenschleudern, die Blättchen abzupfen und unter den Bohnensalat mischen.

Für die Guacamole die Avocados halbieren und die Kerne entfernen. Das Fruchtfleisch aus den Schalen lösen und in eine Schüssel geben. Mit einer Gabel zerdrücken, bis die gewünschte Feinheit (nach Geschmack) erreicht ist. Den restlichen Limettensaft und die restlichen Zwiebelwürfel vom Salat sowie das Salz unterrühren. Den Knoblauch abziehen und fein hacken. Die Kirschtomaten waschen, trockentupfen und in kleine Würfel schneiden. Knoblauch, Tomaten, Chiliflocken und Olivenöl unter die Guacamole mengen.

Zum Servieren die Limette waschen, trockenreiben und in Stücke schneiden. Die saure Sahne glatt rühren und in zwei kleine Schälchen füllen. Die Wraps nacheinander in einer Pfanne jeweils 2 Minuten erwärmen. Zuerst die Guacamole auf die Wraps streichen, dann den Bohnensalat draufgeben. Zusammenklappen und zusammen mit saurer Sahne zum Dippen und Limettenschnitzen zum Beträufeln servieren.

Für 2 Personen
Zubereitungszeit 25 Minuten

Salat | Petersilie | Bulgur

25 g Bulgur
Salz
3 EL Olivenöl
150 g Tomaten
1 kleine Schalotte
3 EL Zitronensaft
80 g glatte Petersilie
15 g Minze
4 EL griechischer Joghurt
½ Knoblauchzehe
80 g Gurke
1 Prise Piment d'Espelette
35 g Granatapfelkerne
1 ½ TL Baharat (arabische Gewürzmischung)
12–16 Salatblätter

Den Bulgur nach Packungsanleitung zubereiten. Nach dem Kochen mit einer Gabel auflockern, auskühlen lassen und mit 1 Prise Salz und 1 EL Olivenöl vermischen.

Die Tomaten waschen, trockentupfen und in kleine Würfel schneiden. Die Schalotte abziehen und fein würfeln. Tomaten- und Schalottenwürfel mit 2 EL Zitronensaft und 2 Prisen Salz vermischen.

Die Petersilie waschen, trockenschleudern und dicke Stiele entfernen. Den Rest hauchfein hacken. Ebenso mit der Minze verfahren.

Den Joghurt in eine Schüssel geben. Den Knoblauch abziehen und fein hacken. Die Gurke waschen, trockenreiben und in feine Stifte hobeln. Beides mit 1 EL Zitronensaft, Piment d'Espelette und Salz unter den Joghurt rühren.

Bulgur, Tomaten, Zwiebeln, Kräuter und Granatapfelkerne mit dem Baharat und 2 EL Olivenöl vermischen.

Die Salatblätter waschen, trockenschleudern und auf zwei Tellern setzen. Das Taboulé auf den Blättern verteilen und mit dem Gurkenjoghurt servieren.

Für 2 Personen
Zubereitungszeit 25 Minuten

Tomate | Artischocke | Ricotta

1 kleine rote Zwiebel
Salz
1 unbehandelte Zitrone
300 g Ricotta
6 EL Olivenöl
schwarzer Pfeffer aus der Mühle
360 g Tomaten
160 g eingelegte Artischocken
2 EL Kapern
½ Knoblauchzehe
2 EL hochwertiger Balsamico
4 Stängel Basilikum
2 Piadina-Wraps

Die Zwiebel abziehen, in feine Ringe hobeln oder schneiden und in eine Schale geben. Mit 1 Prise Salz vermischen. Die Zitrone heiß abwaschen, trockentupfen und die Schale abreiben. Den Saft auspressen und 2 EL davon über die Zwiebel träufeln. Die Schale mit Wasser auffüllen, bis die Zwiebel gerade so bedeckt sind.

Den Ricotta mit 2 EL Olivenöl, 1 Prise Salz, 2 EL Zitronensaft und 4 Prisen Pfeffer verrühren. Bis zur Verwendung kühl stellen.

Die Tomaten waschen, trockentupfen und in Stücke schneiden, dabei die Stielansätze entfernen. Die Artischocken in ein Sieb geben und abspülen. Die Kapern je nach Größe im Ganzen verwenden oder grob hacken. Den Knoblauch abziehen und fein hacken.

In einer Schüssel 1 Prise Salz im Essig auflösen und mit 4 EL Olivenöl vermischen. Die Zwiebel abgießen. Zwiebel, Tomaten, Artischocken, Kapern, Knoblauch und 2 Prisen Pfeffer mit dem Essig-Öl-Dressing vermengen.

Das Basilikum kurz abbrausen und trockenschütteln, die Blättchen abzupfen. Die Piadine nacheinander in einer Pfanne jeweils 2 Minuten erwärmen. Auf Teller legen und mit dem Ricotta bestreichen. Den Tomaten-Artischocken-Salat darauf verteilen und die Basilikumblättchen darüber streuen. Jeweils 1 Prise Pfeffer darüber mahlen, die Wraps zusammenklappen und sofort servieren.

Für 2 Personen
Zubereitungszeit 15 Minuten
Ziehzeit 30-60 Minuten

Radicchio rosa | Zitrone | Minze

300 g unbehandelte Zitronen
4 EL Olivenöl
Salz
Chiliflocken
15 g Minze
100 g Radicchio rosa

Die Zitronen heiß waschen, trockenreiben und jeweils in sechs Schnitze schneiden. Die Kerne entfernen und jeden Schnitz quer in hauchdünne Scheiben schneiden. Die Zitronenscheiben mit Olivenöl, je 2 Prisen Salz und Chiliflocken vermischen.

Die Minze waschen, trockenschütteln und die Blättchen abzupfen, große Blätter zerkleinern. Die Minze unter den Zitronensalat mischen. Nach Bedarf mit Salz und Chili abschmecken. Abdecken und 20–30 Minuten durchziehen lassen.

Die Salatblätter waschen, trockenschleudern und auf zwei Tellern anrichten. Den Zitronensalat auf den Blättern verteilen und servieren.

Dazu passt frische Focaccia oder Baguette ganz ausgezeichnet.

Aubergine | Zucchini | Paprika

Salatbasis
160 g Aubergine
200 g Zucchini
140 g Paprika
Salz
1 Schalotte
2 EL Olivenöl
4 Zweige Thymian
2 EL Trauben-Balsamessig
1 Prise Chiliflocken

Minz-Zaziki
4 EL griechischer Joghurt
2 Stängel Minze
1 kleine Knoblauchzehe
½ Salatgurke
2 EL Zitronensaft
1 Prise Salz

Außerdem
200 g Grillkäse
½ EL Bratöl
2 flache kleine Fladenbrote

Für 2 Personen
Zubereitungszeit 30 Minuten

Für die Salatbasis das Gemüse waschen und trockentupfen. Die Aubergine quer in 1–2 cm dicke Scheiben schneiden und mit 1 Prise Salz bestreuen, damit sie Wasser ziehen. Die Zucchini der Länge nach vierteln und quer in 1–2 cm dicke Stücke schneiden. Die Paprika halbieren und das Kerngehäuse entfernen, die Hälften erst in 2 cm breite Streifen, dann diese in 1–2 cm breite Stücke schneiden. Die Schalotte abziehen, vierteln, in 1 cm breite Stücke schneiden und mit 1 Prise Salz vermischen.

Die Auberginenscheiben mit einem sauberen Küchentuch abtupfen. Die Scheiben anschließend erst in 1–2 cm dicke Streifen, danach quer in Stücke schneiden.

Eine Pfanne erhitzen, das Olivenöl darin erwärmen und die Gemüse- und Zwiebelstücke im Öl etwa 10 Minuten rundherum anbraten. Den Thymian waschen, trockenschütteln und die Blättchen abstreifen. Das gebratene Gemüse in eine Schüssel füllen und mit dem Essig, Chiliflocken und Thymian würzen.

Für das Minz-Zaziki den Joghurt in eine Schüssel füllen. Die Minze waschen und trockentupfen. Die Blätter abzupfen und in feine Streifen schneiden. Den Knoblauch abziehen und fein hacken. Die Gurke waschen und grob raspeln. Alles zusammen mit dem Zitronensaft und Salz unter den Joghurt mischen.

Den Grillkäse in etwa 1 cm dicke Scheiben schneiden. Eine beschichtete Pfanne erhitzen, das Öl hineingeben und die Käsescheiben darin von beiden Seiten braten, bis sie leicht gebräunt sind.

Die Fladenbrote in einer Pfanne ohne Fettzugabe etwa 2 Minuten erwärmen. Auf zwei Teller legen, mit Zaziki bestreichen und mit dem Gemüsesalat belegen. Den Grillkäse darauf verteilen, die Fladen zusammenklappen und genießen.

Alphabetisches Zutatenregister

Lindenmeyer Essig & Malz

Bereits als Kind ist Dr. Friedrich Mertz mit seinem Vater im Familienbetrieb unterwegs gewesen. Die Gerüche und Prozesse der Essigproduktion haben ihn schon damals in den Bann gezogen. Heute ist er Geschäftsführer und Hüter einer Vielzahl von Essigmüttern – über sich selbst sagt er, dass Essig durch seine Adern fließt. Er hat es sich zur Aufgabe gemacht, das geschichtsträchtige Familienunternehmen mit viel Leidenschaft und neuen Ideen in die Zukunft zu führen. Ein besonderes Augenmerk legt er dabei auf die Auswahl der Rohstoffe. Diese sind unbehandelt und von bester Qualität, denn nur so kann er hervorragende naturbelassene Essige produzieren.

Herr Mertz hat mich in seine Firma eingeladen, bei einer Betriebsführung durfte ich ihm allerhand Fragen stellen. Dabei habe ich viel Interessantes erfahren und einiges dazugelernt.

Herr Dr. Mertz, was ist Essig für Sie?
Essig ist für mich ein tolles Erlebnis. Die Vielfalt der Rohstoffe, welche ich zur Verfügung habe, der lebendige Herstellungsprozess und das Geschmackserlebnis bei der Verwendung der Essige machen es so besonders für mich.

Wie wird Essig hergestellt?
Der Rohstoff ist ein Fruchtsaft, wie zum Beispiel Apfel-, Himbeer- oder auch Schwarze-Johannisbeere-Saft. Dieser muss Fruchtzucker enthalten, welcher durch spezielle Weinhefen in einem ersten Schritt in Alkohol umgewandelt wird. Die alkoholische Gärung findet unter Luftausschluss (anaerob) statt und dauert zwei bis vier Wochen.

Im nächsten Schritt wird der entstandene Alkohol mithilfe von Essigsäurebakterien unter Zugabe von Sauerstoff (aerob) zu Essigsäure verstoffwechselt. Gestartet wird mit einer bestimmten Menge Fruchtwein, zum Beispiel 150 Liter Apfelwein, dem die auf Apfelwein spezialisierten Essigsäurebakterien (Essigmutter) zugegeben werden. Um die Bakterien wach zu küssen, braucht es Wärme und Sauerstoff. Ab diesem Moment wird täglich der Säuregehalt gemessen – sind die Bakterien aktiv geworden, wird wieder ein Teil frischer Wein hinzugefügt. Dies wiederholt sich so lange, bis die gewünschte Menge verarbeitet ist. Die Herstellung von 1000 Litern Essig dauert drei bis vier Wochen.

Was macht für Sie ein hochwertiger Essig aus?
Rohstoffe von höchster Qualität, ein naturbelassener Prozess und Zeit. So bekomme ich ein lebendiges Lebensmittel mit hervorragendem Geschmack.

Welche Essige empfehlen Sie als Grundausstattung?
Eine Grundausstattung an Essigen für die Küche zu Hause kann je nach persönlichen Vorlieben und Kochgewohnheiten variieren. Vielseitig einsetzbar sind Rotwein-, Weißwein- und Apfelessig, außerdem empfehle ich einen fruchtigen Essig, wie zum Beispiel Rote Johannisbeere zur Hand zu haben.

Was muss bei der Lagerung beachtet werden und wie steht es mit der Haltbarkeit von Essigen?
Bei sach- und fachgerechter Lagerung ist ein Essig durch seinen Säuregehalt im Prinzip unbegrenzt haltbar. Er kann bei Raumtemperatur aufbewahrt werden und sollte kein direktes Sonnenlicht abbekommen. Bei naturbelassenem Essig kann es vorkommen, dass sich durch das regelmäßige Öffnen und den dabei eindringenden Sauerstoff eine Essigmutter bildet. Das ist nichts Schlimmes, im Gegenteil, es ist ein Zeichen für einen lebendigen Essig. Den Essig einfach durch ein feines Sieb gießen, wieder abfüllen und weiter verwenden.

Vielen Dank!

Bei Dr. Friedrich Mertz möchte ich mich herzlich für die großzügige Unterstützung mit all den unterschiedlichen Essigen der Firma Lindenmeyer bedanken. Es war mir eine große Freude, mich einmal durch das Sortiment zu schmecken. Eine besondere Entdeckung ist der feinsäuerliche Malzessig den ich für den Knödelsalat auf Seite 168 verwendet habe.

Vielen Dank auch für den Einblick in die Arbeitsweise und den Herstellungsprozess der naturbelassenen Essige. Wer mehr über Herrn Dr. Mertz und die Essigherstellung erfahren möchte schaut auf seiner Webseite vorbei:

Lindenmeyer Essig & Malz
www.lindenmeyer.de

BIO Essig
Kräuter
Lindenmeyer
BIO Essig
Rotwein
Lindenmeyer
BIO Essig
Weißwein
Lindenmeyer

Über die Autorin

Nach ihrem Studium an der Fakultät für Design der Hochschule München hat sich Julia Hildebrand auf Food- und Still-Life-Fotografie spezialisiert. Vom Tabletop über den ganzen Tisch hinaus – die Liebe zum Detail ist es, was ihre Arbeit ausmacht. Wenn sie nicht gerade mit ihrem Labrador über die Wiesen wandert, findet man sie in ihrer Küche, wo sie an neuen Rezepten arbeitet, selbstverständlich nur mit den besten Zutaten. Nachhaltigkeit und ökologisches Gleichgewicht sind für sie nicht nur bei Lebensmitteln ein wichtiges Thema. Sie ist daher Mitglied in der Initiative Slow Food Deutschland.

Gemeinsam mit Ingolf Hatz gewann sie 2016 den Gourmand World Cookbook Award in der Kategorie Best Food Photography für »81,6 kg - Food Art Book«. Für ihre Arbeit wurde Julia außerdem mehrfach mit Gold- und Silbermedaillen der GAD und dem Deutschen Kochbuchpreis in Bronze ausgezeichnet. Ihr Buch »Essig. Öl. Gewürze. Senf.« (2023) wurde zudem beim World Cookbook Award prämiert.

Folge ihrer Arbeit auf Instagram @pizz_and_pieces und auf juliahildebrand.de

Danke

An dieser Stelle möchte ich mich bei allen bedanken, die mich auf meinem Weg begleiten und unterstützen. Danke für offene Ohren und Herzen, inspirierende Gespräche und neue Impulse.

Liebe Steffi, dir, dem restlichen Verlags-Team und allen an diesem Buch Beteiligten, danke für eure Arbeit, eure Begeisterung für Bücher und die angenehme und bereichernde Zusammenarbeit.

Liebe Manu, vielen Dank für deine wunderschönen Teller, Platten und Schalen. www.dorfkindkeramik.de

Impressum

Produktmanagement: Stefanie Gückstock
Partnermanagement: Thomas Nehm
Redaktion: Constanze Lüdicke
Korrektur: Dr. Margit Brand
Layout: Kim Aichholz, Studio Zitrone
Umschlaggestaltung: Dominik Günzinger
Repro: LUDWIG:media
Herstellung: Vanessa Brunner

Printed in Türkiye by Elma Basim

Texte, Rezepte: Julia Ruby Hildebrand
Foodstyling und -fotografie: Julia Ruby Hildebrand

★★★★★

Sind Sie mit diesem Titel zufrieden? Dann würden wir uns über Ihre Weiterempfehlung freuen.
Erzählen Sie es im Freundeskreis, berichten Sie Ihrem Buchhändler, oder bewerten Sie bei Onlinekauf.
Und wenn Sie Kritik, Korrekturen, Aktualisierungen haben, freuen wir uns über Ihre Nachricht an

Christian Verlag GmbHPostfach 40 02 09, D-08702 München oder per E-Mail an lektorat@verlagshaus.de

Unser komplettes Programm finden Sie unter

www.christian-verlag.de

In diesem Buch wird aus Gründen der besseren Lesbarkeit das generische Maskulinum verwendet. Weibliche und anderweitige Geschlechteridentitäten werden dabei ausdrücklich mitgemeint, soweit es für die Aussage erforderlich ist.

Bildnachweis: Alle Bilder des Innenteils und auf dem Umschlag stammen von Julia Hildebrand mit Ausnahme der Seiten 4, 41 (oben), 160, 180, 222: Ingolf Hatz.

Umschlagvorderseite: Stängelbrokkoli | Feige | Heidelbeere; Seite 83

Die Deutsche Nationalbibliothek verzeichnet diese Publikation in der Deutschen Nationalbibliografie; detaillierte bibliografische Daten sind im Internet über http://dnb.d-nb.de abrufbar.

Infanteriestraße 11a
80797 München

ISBN 978-3-95961-885-4

Ebenfalls erhältlich ...

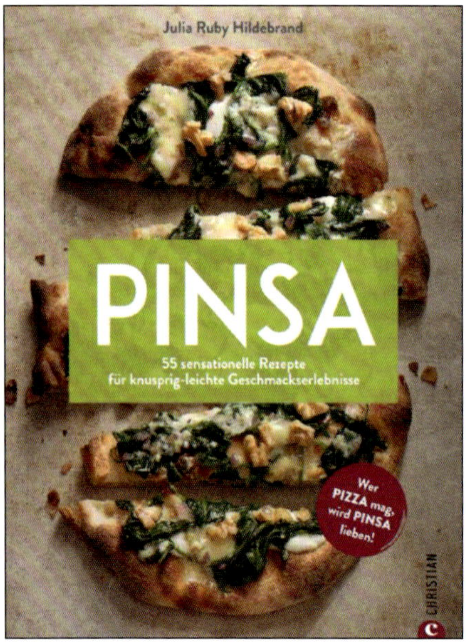

ISBN 978-3-95961-740-6

ISBN 978-3-95961-820-5

ISBN 978-3-95961-818-2

ISBN 978-3-95961-810-6

CHRISTIAN

www.christian-verlag.de